EXPEDITION NATUR

Tiere bei Nacht entdecken

- Entdecken & Experimentieren
- Mit vielen Tipps für Junior-Forscher!

Bärbel Oftring

Mit Illustrationen von Thomas Müller

moses.

Hallo, mein Name ist Finn!

Ich liebe das Forschen und Entdecken in der Natur und möchte dich gerne mitnehmen auf meine Expedition. Weißt du, was eine Expedition ist? So nennt man einen Ausflug ins Freie, bei dem man eine Menge Nützliches und Verblüffendes über die Natur erfährt, zum Experten für Pflanzen und Tiere wird und eigene Nachforschungen anstellt.

Obwohl sich bei Einbruch der Dämmerung viele Tiere zum Schlafen in ihre Verstecke zurückziehen, ruht das Leben nachts keineswegs: Dann wachen Igel, Fledermäuse, Eulen, Nachtfalter und viele andere Tiere auf, die den Tag über geschlafen haben. Und bevor die Sonne wieder aufgeht, werden im Frühjahr auch die Vögel schon wach und begrüßen den neuen Tag mit ihrem herrlichen Gesang. So laden dich die Tiere der Nacht ein, ihre Welt zu entdecken. Welche nachtaktiven Tiere du rund ums Haus, in Feld und Wiese und im Wald kennenlernen kannst, erfährst du in diesem Buch.

Und nun viel Spaß bei unserer gemeinsamen Entdeckungsreise ins Reich der nachtaktiven Tiere!

FINNs  **TIPP!**

Wenn im Text ein schwieriges Wort auftaucht, das du nicht kennst, schau im Glossar nach (Seite 94). Dort ist es erklärt.

Inhalt

Tiere bei Nacht entdecken

Als Nachtforscher unterwegs

Wenn sich der Tag verabschiedet und die Sonne hinter dem Horizont verschwindet, ziehen sich die Tiere, die du tagsüber beobachten kannst, in ein schützendes Versteck zurück. Dort ruhen sie bis zum nächsten Morgen. Doch nicht alle Tiere schlafen bei Nacht: Nun wachen Nachtfalter und Glühwürmchen, Eulen und Käuze, Fledermäuse, Igel und viele andere Tiere auf, die den Tag über geschlafen haben. Diese nachtaktiven Tiere erfüllen die Dunkelheit mit ihren typischen Rufen, Lauten und anderen Geräuschen und laden dich zu ganz besonderen Entdeckungstouren ein.

Im Dunkeln auf Achse

Um die Tiere bei Nacht zu entdecken, musst du keine weiten Wanderungen unternehmen. Nachtaktive Tiere leben auch rund um dein Zuhause: Zwergfledermäuse umfliegen im Sommer gern die leuchtenden Straßenlampen, die Kreuzspinne begibt sich bei Dämmerung lauernd in die Mitte ihres Netzes und ein Igel tippelt raschelnd durch das Gebüsch am Straßenrand, während Siebenschläfer und Steinmarder polternd auf dem Dachstuhl unterwegs sind. Und manchmal verirrt sich sogar ein kleiner Nachtfalter, oft abfällig Motte genannt, in dein Zimmer und wird natürlich behutsam wieder ins Freie gesetzt. So bist du immer live dabei, wenn zahlreiche Tiere die Nacht zum Tag machen.

SCHON GEWUSST?

Wie lange dauert eine Nacht?

Am Äquator dauert das ganze Jahr über jede Nacht 12 Stunden. Am Nord- und Südpol hingegen ist ein halbes Jahr lang Nacht. Bei uns sind nur die Nächte am Frühlingsanfang im März und am Herbstanfang im September 12 Stunden lang – im Sommerhalbjahr sind sie kürzer, im Winterhalbjahr länger.

Warum sind manche Tiere wach, wenn du schon schläfst?

Vielleicht hast du dir ja auch schon einmal diese Frage gestellt. Wir Menschen gehören zu den Lebewesen, die tagsüber wach sind und nachts ruhen. Daher fällt es uns auch so schwer, nachts wach zu bleiben, nur weil es zum Beispiel der Beruf erfordert. Doch etliche Tiere werden bei Einbruch der Dunkelheit erst so richtig munter. Dann sind nämlich diejenigen unterwegs, die die pralle Sonne nicht so gut vertragen und daher einen anderen Lebensrhythmus haben. Manche Tiere haben ihre Aktivität in die Dunkelheit verlegt, weil sie dann ungestört Blätter, Früchte und Kräuter fressen können oder weil nun ihre Feinde schlafen.

Wer ist nachts aktiv?

Zu den Tieren, die nachts auf Nahrungs- und Partnersuche gehen, gehören nicht nur Nachtfalter, Glühwürmchen, Stechmücken, Frösche und Salamander, sondern erstaunlicherweise auch sehr viele Säugetiere wie Rehe, Hirsche, Wildschweine, Füchse, Marder, Mäuse, Igel, Fledermäuse, Wölfe, Bären, Katzen und viele mehr. Diesen Säugetieren steckt das Nachtleben sozusagen in den Wurzeln. Denn sie stammen von kleinen Säugern mit so unaussprechlichen Namen wie Megazostrodon oder Zalambdalestes ab, die schon zur Zeit der Dinosaurier existiert haben. Diese kleinen Säugetiere ruhten tagsüber und waren nachts aktiv, wenn die großen Dinosaurier schliefen. Mit ihrem warmen Körper und den großen, leistungsstarken Augen waren sie bestens an das nächtliche Leben angepasst. Und so haben sich viele heute lebende Säugetiere die nächtliche Aktivität ihrer Urahnen bewahrt.

FINNs TIPP!

Nachtaktive Tiere leicht erkennen

Lebewesen, die nachts unterwegs sind, brauchen ganz andere Sinne als tagaktive Tiere. Je dunkler es ist, umso schlechter funktionieren die Augen. Deshalb haben Tiere, die bei Dämmerung wach sind, besonders große Augen, damit so viel Licht wie möglich auf die Netzhaut fallen kann. Sicherlich ist dir auch schon aufgefallen, dass die Augen der Katzen und anderer Nachttiere leuchten: Dies liegt an einer ganz besonderen Schicht im Auge, dem Tapetum lucidum (siehe Seite 87). Alle Tiere mit solchen leuchtenden Augen sind nachtaktiv.

Feine Sinne

Nachttiere verlassen sich neben den Augen auch auf ihre anderen Sinne: Nachtfalter haben große Fühler, mit denen sie hervorragend riechen können. Eulen, Mäuse und Fledermäuse besitzen ein feines Gehör, mit dem sie das leiseste Geräusch wahrnehmen, und Katzen, Füchse und viele andere Tiere erkunden die unmittelbare Umgebung mit ihren langen, sensiblen Tasthaaren, die man umgangssprachlich auch Schnurrhaare nennt.

Gut gerüstet in die Dunkelheit

Um nachts draußen Tiere zu beobachten, brauchst du nicht viel: Zieh dich auch an einem lauen Sommerabend warm genug an, denn selbst dann kühlt es abends rasch ab. Am besten trägst du auf deinen Entdeckungstouren feste Schuhe und strapazierfähige Kleidung, die zum Wetter passen. Damit du dir deine Beine im Gestrüpp nicht verletzt und von Zecken gebissen wirst, die oft in niedrigen Pflanzenschichten sitzen, bieten lange Hosen sowie ein langärmeliges T-Shirt, ein Hemd oder ein Pulli den besten Schutz.

Draußen zu sein, macht durstig: Pack etwas zu trinken (bei kaltem Wetter einen warmen Tee) und etwas Proviant ein. Es wäre doch schade, wenn du deine Forschungstour vorzeitig abbrechen müsstest, nur weil dich Hunger oder Durst quälen! Geh nicht allein, sondern mit Freunden oder deinen Eltern. Sagt auf jeden Fall jemandem vorher Bescheid, wohin ihr gehen wollt und wann ihr zurück sein werdet.

FINNs  **TIPP!**

Checkliste für Nachtforscher

Das brauchst du für deine nächtlichen Entdeckungstouren:

- Rucksack mit Getränk und Proviant
- eine Plastiktüte für den Abfall
- an regnerischen Tagen einen Regenschutz
- Taschenlampe oder ein Licht zum Anklicken ans Basecap
- evtl. eine nachtleuchtende Sternenkarte und eine Uhr
- für frühmorgendliche Vogelexkursionen: MP3-Player oder Handy zum Aufnehmen von Vogelstimmen

Highlight im Frühjahr: frühmorgens auf Vogelentdeckungstour

Gehörst du zu den Vogelforschern, dann musst du im Frühling morgens vor Sonnenaufgang aus den Federn kriechen. Von März bis Juni kannst du die meisten Vögel nämlich in der Morgendämmerung singen hören. Das morgendliche Vogelkonzert beginnt nicht auf einen Schlag, immer mehr Vögel setzen nacheinander mit ihrem Gesang ein. Zu den besonders frühen Sängern, die schon lange vor Sonnenaufgang zu zwitschern beginnen, gehören Haus- und Gartenrotschwanz, Rotkehlchen, Amsel, Zaunkönig, Kuckuck, Kohlmeise, Zilpzalp, Buchfink und Haussperling.

Was tun in einer Winternacht?

Im Winter machen nächtliche Exkursionen auf der Suche nach Tieren wenig Sinn, denn die meisten nachtaktiven Tiere halten Winterruhe oder sogar Winterschlaf. Dann ist aber die schönste Zeit zum Sternebeobachten: Am nächtlichen Winterhimmel stehen die hellsten und auffälligsten Sternbilder im Jahreslauf. Zieh dir sehr warme Kleidung und feste Schuhe an und denke auch an Mütze, Schal und Handschuhe, wenn du zum Sternebeobachten vor die Tür gehst.

So orientierst du dich bei Dunkelheit

Nachts sieht die Umgebung anders aus als am Tag – das erlebst du tagtäglich, sogar mitten in einer Großstadt. Damit du und deine Freunde auch nach einer nächtlichen Entdeckungstour wieder sicher nach Hause kommt, solltet ihr bei Dunkelheit stets wissen, wo ihr gerade seid. Daher ist die richtige Orientierung nachts besonders wichtig. Fühlt ihr euch unsicher, brecht die Tour sofort ab. Keine Sorge: Tiere sind Gewohnheitslebewesen, du kannst sie daher meist in der nächsten Nacht wieder im gleichen Gebiet antreffen.

FINNs TIPP!

Schon in der Dämmerung geht's los!

Da viele Tiere auch schon in der Abenddämmerung aktiv werden, musst du mit dem Aufbruch zu deiner Erkundungstour nicht bis Mitternacht warten. Sobald die Sonne untergeht, können deine Beobachtungen beginnen.

Die ersten Touren

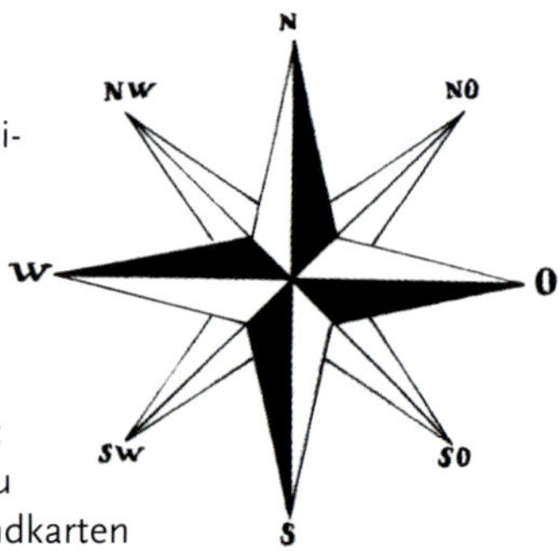

Am besten machst du die ersten nächtlichen Touren – natürlich nicht allein – in vertrautem Gelände, etwa in einem Garten. Dort kennst du dich aus und weißt immer, wo du bist. Suche dann mithilfe eines Stadtplans oder einer Wanderkarte ein etwas größeres Gebiet aus und leg die Wege fest, auf denen du unterwegs sein möchtest. Auf allen Landkarten ist Norden oben. Tagsüber kannst du leicht herausfinden, wo Norden ist. Dort, wo mittags die Sonne am höchsten steht, ist Süden. Drehst du dich um, sodass du die Sonne im Rücken hast, blickst du Richtung Norden. Doch wie findest du den Norden, wenn die Sonne schon längst untergegangen ist?

Norden finden mit den Sternen

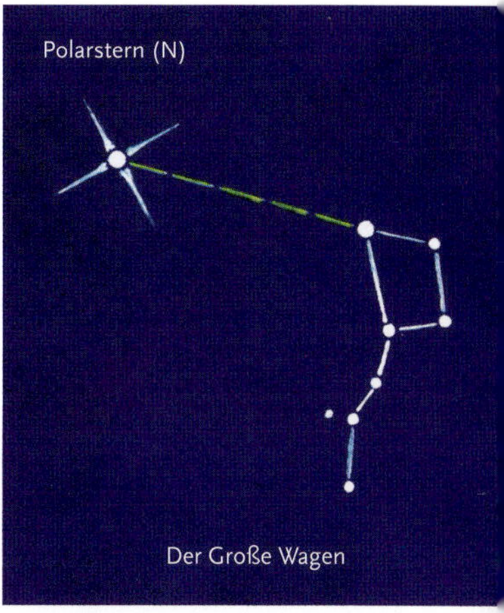

In wolkenlosen Nächten leuchten unzählige Sterne am Himmel. Genau im Norden steht der Polarstern. Um ihn zu finden, brauchst du den Großen Wagen. Denk dir eine Linie zwischen den beiden hinteren Sternen des Wagenkastens und verlängere diese gedachte Linie fünfmal – dann triffst auf einen mittelhellen Stern. Er steht ziemlich allein, weil er sich in einer sternenarmen Gegend befindet: Das ist der Polarstern. Wenn du nun vom Polarstern senkrecht eine Linie zum Horizont ziehst, hast du Norden gefunden.

Im Herbst wirst du den Großen Wagen nicht immer finden. Dann steht er recht nah am Horizont und einzelne Sterne werden manchmal von höheren Bäumen oder Häusern verdeckt. Norden findest du nun mithilfe des Sternbilds Kassiopeia, das im Herbst wie ein großes M am Himmel steht. Die mittlere Spitze von diesem M weist zum Polarstern.

Im Wald orientieren

Selbst in sternenklaren Nächten kannst du mitten im Wald kaum ganze Sternbilder am Himmel erkennen. Dann geben dir die Bäume eine kleine Hilfe: Da bei uns meist Westwetterlage herrscht, erhalten die Bäume auf ihrer westlichen Seite viel Regen. Dort sind die Baumstämme am feuchtesten und deshalb siedeln sich dort unzählige Moose an. Du kannst sie auch im Dunkeln als weichen Pflanzenbewuchs ertasten. Hast du sie gefunden, tastest du nun am weich bemoosten Stamm einen Viertelstammumfang weiter nach links, so befindet sich deine Hand im Norden.

Erlebnisse bei Nacht

Nachts sind alle Katzen grau – zumindest für uns Menschen, denn unsere Augen können bei Dunkelheit keine Farben mehr erkennen. Dennoch ist das Tierleben nachts nicht trist, sondern einfach ganz anders als tagsüber: Wer sich mit dem Einbruch der Dunkelheit nach draußen wagt, erlebt unsere heimische Natur von einer ganz neuen Seite: Fledermäuse tanzen um Sträucher und Büsche, durch die trockenen Blätter am Boden tippelt raschelnd ein Igel und in der Ferne ertönt der Ruf eines Käuzchens. Das alles kannst du bei uns entdecken!

FINNs TIPP!

Wenn die Nacht zum Tag wird

In vielen Zoos gibt es ein Nachttierhaus. Dort tauchst du tagsüber in die Nacht ein und kannst ganz einfach nicht nur heimische Tiere, sondern auch solche aus anderen Teilen der Erde kennenlernen (siehe Seite 89).

Der Jahreskalender für nächtliche Entdeckungen

Einige nächtliche Entdeckungen kannst du das ganze Jahr über machen, die meisten aber nur in bestimmten Monaten – etwa, weil nur dann frühmorgens die Vögel singen oder die Rothirsche auf Partnersuche sind.

In Winternächten:
- die lauten Rufe der Waldkäuze sind zu hören

In Februar-/Märznächten:
- Kröten und Frösche ziehen zur Paarung und Eiablage zu ihren Laichgewässern

In der Dämmerung von spätem Winter bis Frühsommer:
- Vögel markieren ihr Revier um ihr Nest herum mit typischem Gesang
- im Mai fliegen die Maikäfer
- im Juni fliegen die Junikäfer

In Sommernächten:
- die unheimlichen Rufe der Eulen ertönen
- Fledermäuse jagen lautlos nach Insekten
- leuchtende Glühwürmchen fliegen umher oder sitzen im Gras
- Igel suchen auf ihren nächtlichen Streifzügen nach Würmern und Schnecken
- Nachtfalter lassen sich von Lichtquellen anlocken
- Laufkäfer gehen auf Beutejagd
- Salamander sind besonders bei feuchtem Wetter unterwegs

In Herbstnächten:
- lautes Röhren der Rothirsche im Wald, die Paarungszeit ist im vollen Gange

Lebensraum Garten, Wiese, Stadt und Dorf

Egal ob du in einem Dorf, einer Siedlung oder einer mehr oder weniger großen Stadt wohnst, in deinem Wohnort gibt es Alleen, Gärten, Parks und Grünanlagen, rundherum liegen Wiesen, Äcker und Felder. Biologen nennen solche Lebensräume, die von Menschen gestaltet wurden, Kulturland. In diesem Kapitel lernst du die Tiere kennen, die in diesem abwechslungsreichen Lebensraum nachts aktiv sind – und das sind jede Menge.

Viele Wildtiere, die einst in den Wäldern und Wiesenlandschaften lebten, haben die Dörfer und Städte erobert. Darunter befinden sich auch viele Nachttiere, wie beispielsweise Igel, Zwergfledermäuse und Steinmarder. Sie wohnen in unmittelbarer Nähe zu den Menschen. Mit etwas Glück kannst du sie in der Dämmerung sogar von deinem Fenster aus beobachten.

SCHON GEWUSST?

Wie sich die Landschaft verändert hat

In den letzten 50 Jahren hat sich die Landschaft rund um die Ortschaften sehr stark verändert: Die vielen kleinen Äcker und Felder wurden zu riesigen Agrarflächen vereint, zwischen denen es nun kaum noch Heckenstreifen oder Wildpflanzen entlang der Wege gibt. Schotter-Feldwege wurden geteert und Neubausiedlungen haben sich weit in die Feld- und Wiesenlandschaften hinein ausgebreitet. Diese Veränderungen gehen nicht spurlos an den heimischen Wildpflanzen und Wildtieren vorbei: Viele Tier- und Pflanzenarten, die deine Großeltern als Kinder beobachten konnten, sind immer seltener geworden – darunter sind auch viele nachtaktive Tiere wie Glühwürmchen oder Maikäfer. Dennoch: Bei deinen nächtlichen Entdeckungstouren warten noch genügend Tiere auf dich, die du live erleben kannst.

Tiere bei Nacht entdecken

Um die heimischen Nachttiere zu erleben, musst du nicht unbedingt draußen eine nächtliche Entdeckungstour unternehmen. Auch von deinem Bett oder Fenster aus hörst du die Rufe und Laute der Eulen und Frösche oder das hohe Sirren der Stechmücken. Morgens findest du dann die Spuren, die die nachtaktiven Tiere hinterlassen haben.

Spuren der Nachttiere

Entdeckst du im Sommerhalbjahr auf dem Rasen, dem Gartenweg oder der Terrasse schwarze, trockene Kotwürste, so war dort nachts ein Igel unterwegs. Manchmal erkennst du im Kot sogar noch die harten Flügeldecken von Käfern, die der Igel verspeist hat. Dort, wo Steinmarder leben, findest du ihre Fußspuren auf manchen Autokarosserien: Sie scheinen gerne die steil stehenden Heckscheiben herunterzurutschen, wie ihre Spuren verraten. Auch die scheinbar verlassenen Radnetze der Kreuzspinnen sind Tierspuren: Sie zeigen dir, wo du am Abend diese Spinne beobachten kannst.

Nächtliche Tiere im Haus

Wenn du schlafen gehst, werden manche tierische Hausbewohner wach. In feuchten Bad- und Toilettenräume sind dann die kleinen, hellen Silberfischchen unterwegs. Diese anspruchslosen Ur-Insekten ernähren sich von allen möglichen Abfallstoffen, auch von Tapetenkleister. Sie sind völlig harmlos. Zu den Schädlingen hingegen zählen die Kakerlaken oder Küchenschaben, die gerne in Gaststätten und Bäckereien leben. Mit einsetzender Dunkelheit verlassen diese lichtscheuen Insekten ihre Verstecke in Wandverkleidungen und Möbelritzen. Solltest du tatsächlich Schaben entdecken, musst du sofort deinen Eltern Bescheid geben.

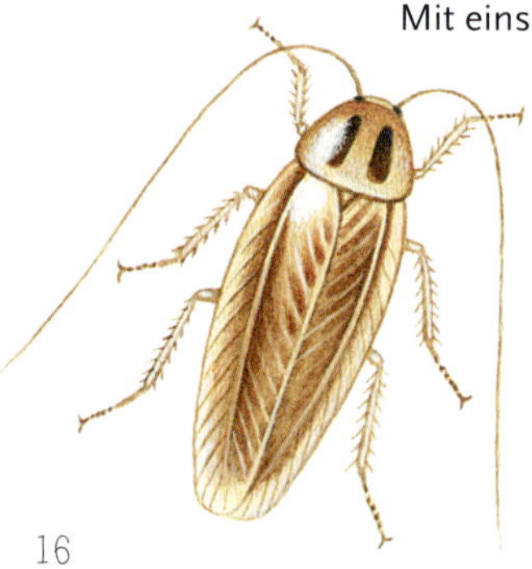

Hausschabe

Tiere im Garten beobachten

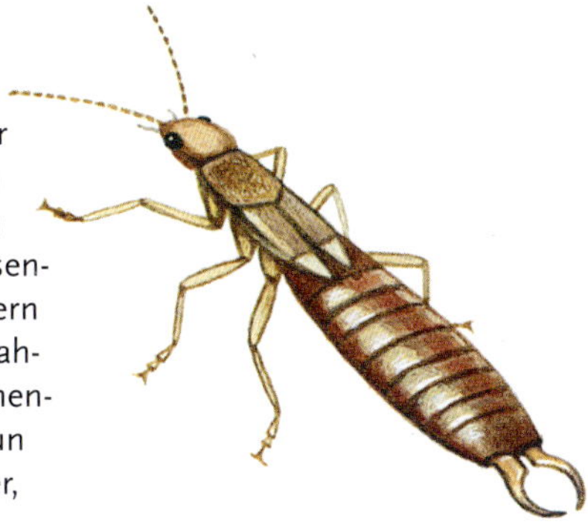

Bevor du ins Bett gehst, lädt dich der sommerliche Abend zu einer kleinen Erkundungstour ein: Dann verlassen die Ohrwürmer ihre Verstecke in Rosenblüten, aufgehängten Ohrwurmnestern oder unter Blumentöpfen, um auf Nahrungssuche zu gehen. Auch die sonnenempfindlichen Schnecken werden nun aktiv, ebenso wie ihre Jäger: Laufkäfer, Spitzmäuse und Igel.

Tier-Uhr

Die Tier-Uhr verrät dir, wann die Tiere, die rund um dein Zuhause leben, im Sommerhalbjahr aufwachen und wann sie schlafen gehen. Diese Zeiten ändern sich aber immer wieder, da die Sonne von Frühjahr bis zur Sommersonnenwende stets früher und ab dann jeden Morgen etwas später aufgeht. Die meisten Tiere schauen nämlich nicht auf die Uhr, sondern richten ihre Aufwach- und Schlafzeiten nach dem Stand der Sonne. Übrigens: Die meisten Tiere sind auch nicht die ganze Nacht munter – sie legen immer wieder kleine Ruhepäuschen ein, meistens um Mitternacht.

Tier	wird wach	geht schlafen
Stechmücke	19:00 Uhr	05:00 Uhr
Igel	19.30 Uhr	05.30 Uhr
Zwergfledermaus	20.30 Uhr	22.30 Uhr
	02.30 Uhr	04:00 Uhr
Siebenschläfer	21:00 Uhr	04.30 Uhr
Schleiereule	21.45 Uhr	05:00 Uhr
Glühwürmchen	22:00 Uhr	01:00 Uhr
Großes Mausohr	22:00 Uhr	04.30 Uhr

Vogelkonzert in der Morgendämmerung

In der Brutzeit, die im Februar/März beginnt und bis in den frühen Sommer hinein dauert, sind Vögel Frühaufsteher. Rotkehlchen, Amsel, Kohlmeise und viele andere Singvögel beginnen mit ihrem Gesang schon lange, bevor die Sonne aufgeht. Wenn du die Vögel mit ihrem typischen Gesang kennenlernen willst, kannst du eine frühmorgendliche Exkursion in den Garten machen. Du wirst merken, dass das morgendliche Vogelkonzert nicht auf einen Schlag beginnt, sondern dass nach und nach immer mehr Vögel hinzukommen.

Wenn du einen Vogel singen hörst, folge vorsichtig seiner Stimme und versuche, ihn zu entdecken. Dann kannst du mithilfe eines Bestimmungsbuches herausfinden, wer da gesungen hat. Oder du klickst auf die Internetseite **www.vogelstimmen.de**, die die Stimmen aller heimischen Vögel vorstellt.

SCHON GEWUSST?

Mitten in der Nacht

Wenn du mitten in der Nacht das traurig klingende Lied eines Vogels hörst, schau nach, ob dort eine Straßenlampe brennt. Das Rotkehlchen lässt sich nämlich durch das helle Licht irritieren und stimmt viel zu früh seinen Gesang an.

FINNs  TIPP!

Eine Vogel-Uhr für deinen Garten

Wenn du die Vogelstimmen schon gut kennst, kannst du sogar eine Vogel-Uhr für deinen Garten erstellen. Für den Monat Mai, wenn die Sonne etwa um 5.30 Uhr aufgeht, könnte sie so aussehen:

4.05 Uhr: Rotkehlchen

4.10 Uhr: Amsel

4.45 Uhr: Kohlmeise und Nachtigall

5.05 Uhr: Zaunkönig

5.15 Uhr: Buchfink und Haussperling

5.30 Uhr: Grünfink

Verblüffende Entdeckungen nachts am Strand

Vielleicht wohnst du ja nah am Meer oder machst dort Urlaub. Dann darfst du dir diese abendliche Entdeckungstour nicht entgehen lassen. Begib dich im Hochsommer bei Dunkelheit (wenn der Mond nicht scheint) am besten zusammen mit deinen Eltern bei Ebbe an den Strand. Dort, wo die Wellen auf den Sandstrand auflaufen, ist der Sand völlig vom Meerwasser durchnässt. Wenn es ganz dunkel ist, springst du ein paar Mal in die Höhe und schaust auf die Stelle im Sand, auf der du gelandet bist. Dort blitzen im festen, feuchten Sand kleine Lichtpunkte auf. Das sind winzig kleine Algen, die leuchten können. Sie machen ihr Licht auf dieselbe Weise wie die Glühwürmchen (siehe Seite 42).

Der Igel

Igel leben bei uns überall, wo es einen abwechslungsreichen Pflanzenbewuchs mit dichten Büschen, Hecken, Blumen, Kräutern und Gras- oder Wiesenflächen gibt. Dort findet der Igel ausreichend Käfer und Insektenlarven, von denen er sich hauptsächlich ernährt. Den Tag verschläft der Igel in einem Versteck, das sich unter einem Stein- oder Asthaufen oder zwischen dichten Pflanzen befindet. Erst bei Anbruch der Dämmerung wird er aktiv.

Auf einen Blick

Größe und Gewicht: 24–30 cm lang, 800–1.500 g schwer
Nahrung: verschiedene Insekten und deren Larven, Regenwürmer, Spinnen, Tausendfüßer, hin und wieder auch Schnecken und Vogeleier
Typisch: lebt als Einzelgänger; hält von Anfang/Mitte November bis Ende März/Mitte April Winterschlaf; wird bis zu 8 Jahre alt

Lautes Schmatzen verrät den Igel

Einen herumstreifenden Igel hörst du oft schon von Weitem. Er zieht dermaßen laut schnüffelnd durchs Gestrüpp, dass du vermutlich bei seinem Auftauchen erstaunt bist, wie ein kleiner Kerl so viel Krach machen kann. Hat der Igel einen Laufkäfer oder eine dicke Raupe erbeutet, so verschlingt er seine Beute mit lautem Schmatzen. Wahrscheinlich kann er es sich leisten, so viel Lärm zu machen, vertraut der Igel doch auf sein spitzes Stachelkleid. Bei Gefahr rollt er sich blitzartig zu einer Kugel zusammen. So schützen ihn die Stacheln selbst vor manchem Dachs oder Uhu, seinen natürlichen Feinden, nicht aber vor dem Straßenverkehr: Jedes Jahr werden deshalb mehrere hunderttausend Igel von Autos und LKWs überfahren.

Igel im Straßenverkehr schützen

Mit ein wenig Rücksichtnahme können viele Igel vor dem Tod auf unseren Straßen bewahrt werden. Igel sind am häufigsten in der Morgen- und Abenddämmerung sowie in den Stunden um Mitternacht unterwegs. Dann muss auf den Straßen rund um Dörfer, Siedlungen und Häuser mit Gärten sowie auf Landstraßen zwischen Ortschaften und am Waldrand mit einem Igel gerechnet werden. Dort heißt es dann für jeden Autofahrer: Langsam und aufmerksam fahren! Ein Igel kommt immer allein und ist berechenbar:

- Rollt er sich zusammen, kann der Autofahrer ihn gefahrlos „zwischen die Räder“ nehmen.
- Tippelt er eilig über die Straße, kann man ihm mit geringfügigen Lenkbewegungen ausweichen.

SCHON GEWUSST?

Das Stachelkleid

Igeljunge kommen im August und September zur Welt. Bei der Geburt wiegen sie 15-25 g. Die etwa 100 Stacheln eines neugeborenen Igels sind noch ganz weich, damit sie die Mutter nicht verletzen. Das Stachelkleid ausgewachsener Igel besteht aus 6.000-8.000 Stacheln. Die Stacheln sind umgebildetes Haar. Sie fallen wie deine Haare hin und wieder aus und wachsen nach.

Eine Imbissbude für den Igel

Im zeitigen Frühjahr und im Herbst finden Igel oft nicht ausreichend Futter. Das sind aber Zeiträume, in denen Igel besonders viel Nahrung brauchen – weil sie gerade abgemagert aus dem Winterschlaf erwacht sind oder sich ein dickes Fettpolster für den kommenden Winter anfuttern müssen. Daher kannst du den Igeln von Ende März bis spätestens Mitte Mai und von Mitte September bis Ende Oktober einen kleinen Imbiss anbieten: Igel sind keine Pflanzenfresser. Deshalb eignet sich am besten Katzenfutter aus der Dose, unter das du etwas Igeltrockenfutter, Weizenkleie oder Haferflocken mischst. Hin und wieder kannst du auch ein ungesalzenes, ungewürztes Rührei in das weiche Katzenfutter rühren. Damit sich keine Hauskatzen über den Igelimbiss hermachen, stelle einfach eine kleine mit Folie abgedeckte Holzpalette über den Futternapf. Denk auch täglich an eine Schale mit frischem Wasser!

FINNs  TIPP!

Auch Igel haben Durst!

Wenn in heißen Sommerwochen kein Tröpfchen Regen vom Himmel fällt, leiden auch die Igel unter großem Durst. Du kannst deshalb im Sommerhalbjahr täglich frisches Wasser in einer flachen Tränke anbieten. Dafür eignen sich sehr gut die Vogeltränken, die du in Gartencentern und Zoohandlungen kaufen kannst. Haben Igel die Tränke einmal gefunden, dann kommen sie immer wieder. So kannst du dort tagsüber Vögel und bei Dunkelheit Igel beobachten.

Ein Winterversteck für den Igel

Im Herbst bauen die Igel ihr Nest für den Winter. Mit dem Maul tragen sie herabgefallene Blätter und verwelktes Gras zu einem ausgewählten Platz unter Buschwerk oder unter einer Hecke. Dort packen sie das ganze Nistmaterial auf einen großen Haufen, in den sie sich zum Winterschlaf förmlich hineinkugeln. Wenn du Igeln helfen willst, lass das Laub im Garten liegen. Du kannst dem Igel auch einen großen Reisighaufen, einen Holzstoß oder Komposthaufen als Winterquartier anbieten, den du übrigens erst im April des kommenden Jahres abbauen darfst. Natürlich weckst du einen Igel nicht im Winterschlaf, damit er keine unnötigen Fettreserven verbraucht und womöglich sterben muss.

SCHON GEWUSST?

Lautstarke Paarung

Igel paaren sich vor allem in warmen Julinächten. Dabei machen sie so merkwürdige, laute Geräusche, dass manche Menschen schon einen Einbrecher in ihrem Garten vermutet und die Polizei gerufen haben. Fühlt sich ein Igel bedroht, faucht, pufft und tuckert er wie eine kleine Lokomotive.

Fledermäuse

Keine Angst vor diesen kleinen Tieren: Die Fledermäuse, die bei uns leben, sind völlig harmlos. Nur in Mittel- und Südamerika gibt es Vampirfledermäuse, die sich von Blut ernähren – allerdings gehören Menschen nicht zu ihren Opfern.

Alle heimischen Fledermäuse hingegen futtern ausschließlich Insekten, die sie mit einem verblüffenden Trick finden: Sie stoßen laute, für uns allerdings nicht hörbare Schreie aus. Das von Hindernissen und fetter Beute zurückgeworfene Echo nehmen Fledermäuse mit ihren ultrafeinen Ohren wahr und bekommen so ein gehörtes Bild von ihrer Umgebung. Echo-Ortung nennen das die Biologen. Wenn du dir einen Bat-Detektor besorgst (z.B. im Internet), kannst du die Ultraschall-Laute hörbar machen.

Auf einen Blick

Größe und Gewicht: Körper bis zu 5 cm lang, Flügelspannweite bis zu 25 cm, 4–8 g schwer
Nahrung: Fluginsekten, vor allem Mücken
Typisch: lebt in Dörfern und Städten; verbringt die Sommertage in engen Spalten an Gebäuden; hält Winterschlaf hinter Hausverkleidungen und in Fels- oder Mauerspalten

Foto: Wikipedia.de, Mnolf

FINNs  TIPP!

Zwergfledermäuse beobachten

Bevor Zwergfledermäuse abends ihr Versteck verlassen, unterhalten sie sich mit zwitschernden Lauten. Diese sind auch für uns Menschen gut hörbar. Achte einmal darauf. Teile der Ultraschall-Töne, mit denen sich auch die Zwergfledermaus orientiert und ihre Beute findet, können menschliche Ohren hören, die lauten Warnrufe ebenfalls.

SCHON GEWUSST?

Fliegen im Blindflug

So wie du in deinem Zimmer auch bei Nacht die Tür findest (und dabei sämtliche Hindernisse wie Tisch und Stühle automatisch umgehst), so ergeht es auch den Fledermäusen. Haben sie sich den Umriss eines Baumes im Garten eingeprägt, so umkreisen sie diesen im Blindflug – selbst dann noch, wenn der Baum schon längst gefällt wurde. Anders herum gerät diese blinde Orientierung den Fledermäusen oftmals zur Falle: Haben sie eine Straße als baumlose Fläche erkannt, schalten sie beim Überqueren die Echo-Ortung nicht an und enden dann leider immer wieder am Kühlergrill eines vorbeirasenden Autos.

Das Große Mausohr

Das bis zu 8 cm lange und bis zu 40 g schwere Große Mausohr ist die größte heimische Fledermaus. Dass locker ein paar von ihnen in eine einzige Zigarettenschachtel hineinpassen, sieht man den fliegenden Tieren nicht an: Denn sie wirken mit ihren bis zu 45 cm ausgebreiteten Flügeln sehr viel größer. Die Lieblingsbeute des großen Mausohrs sind Käfer, die es im Flug vom Boden „pflückt". Im Sommer bewohnt diese Fledermaus gerne heiße Dachstühle und Kirchtürme. Dort sammelt sich dann im Laufe der Jahre eine dicke Schicht aus schwarzen Fledermauskotkrümeln. Rechtzeitig vor dem ersten Frost bricht das Große Mausohr zu kühlen Höhlen auf, wo es den Winter kopfüber an der Decke hängend verschläft.

Der Abendsegler

Hoch über den Bäumen geht der pfeilschnelle Abendsegler, eine Glattnasen-Fledermaus, auf Jagd nach Nachtfaltern und größeren Fluginsekten. Weil er besonders im Herbst auch schon bei Tageslicht jagt, kannst du ihn leicht mit einem Mauersegler – das ist ein Vogel – verwechseln. Damit dir das nicht passiert, musst du wissen, dass die Mauersegler uns schon Ende August verlassen und nach Afrika ziehen. Beobachtest du daher im September, oder sogar noch später im Jahr, mauerseglerähnliche Jäger am Himmel, so sind das Fledermäuse, und zwar die Abendsegler!

FINNs TIPP!

Bei der Batnight dabei sein

Jedes Jahr gibt es in ganz Europa eine Fledermaus-Nacht, die sogenannte Batnight. Dann finden ganz viele Aktionen und Veranstaltungen statt, bei denen du mitmachen kannst. Genaue Termine und mehr Informationen findest du auf der Internetseite **www.nabu.de/batnight/**.

FINNs TIPP!

Fledermäuse anlocken

Eine Fledermaus frisst dir leider nicht aus der Hand. Dafür kannst du aber die Beutetiere der Fledermäuse mit bestimmten nachtduftenden Blumen anlocken. Besonders die Blüten von Echtem Geißblatt, Nachtviolen, Weißen und Roten Lichtnelken, Echtem Seifenkraut, Wegwarte, Türkenbundlilie und einjähriger Duftlevkoje ziehen Nachtfalter geradezu magisch an. Toller Trick: Überall, wo viele Nachtfalter sind, sind auch Fledermäuse anzutreffen.

Die Wasserfledermaus

Knapp über der Wasseroberfläche von Teichen, Seen und Flüssen kannst du nachts jagende Wasserfledermäuse entdecken. Zum Fangen ihrer Beute arbeiten die Tiere mit allen Tricks: Sie packen die kleinen Fluginsekten und Nachtfalter nicht nur mit dem Maul, sondern sie fangen sie auch mit den Flughäuten an Flügeln und Schwanz wie mit einem Kescher. Und schwimmt zufällig auch noch ein kleiner Fisch direkt unter der Wasseroberfläche, so wird auch er mit den Hinterfüßen und der Schwanzflughaut geangelt.

Der Steinmarder

Auf einen Blick

Größe und Gewicht: etwa so groß und schwer wie eine Katze
Nahrung: Mäuse, Insekten, Regenwürmer, Jungvögel, Eier, im Sommer hauptsächlich Früchte
Typisch: sehr anpassungsfähig, lebt mitten unter uns, sogar in den Städten, schneeweißes Brustfell

Auch dieser freche Bursche gehört leider zu den Säugetieren mit einem ganz schlechten Ruf: Seit der neugierige Steinmarder im ganzen Land immer wieder die noch warmen Motorhauben parkender Autos aufsucht und in seiner Spiellaune hin und wieder auch mal ein kunststoffumhülltes Kabel durchbeißt, verstehen die Menschen keinen Spaß mehr. Und so wird er mit den verschiedensten Marderschutzeinrichtungen mit mehr oder weniger Erfolg von den Autos ferngehalten.

Anders als sein scheuer, im Wald lebender „Bruder", der Baummarder (siehe Seite 64), hält sich der Steinmarder am liebsten in menschlichen Siedlungen auf. Den Tag verschläft der Steinmarder mit dem schneeweißen Lätzchen in seinem Versteck. Erst mit Einbruch der Dunkelheit geht er auf Nahrungssuche. Steinmarder halten keinen Winterschlaf – daher kannst du sie das ganze Jahr über antreffen oder ihre Fußabdrücke im Schnee oder auf Autodächern finden.

So kannst du versuchen, einen Steinmarder vom Auto fernzuhalten:

Manche Steinmarder scheinen von ganz bestimmten Kunststoffmischungen angelockt zu werden. Andere nehmen vielleicht den Duft eines fremden Steinmarders unter der Motorhaube wahr und versuchen, diesen zu vertreiben. Es gibt allerdings ein paar Möglichkeiten, Steinmarder vom Auto fernzuhalten:

- den noch warmen Motorblock mit Lavendelöl beträufeln
- im Motorraum einen mit Hundehaaren gefüllten Nylonstrumpf anbringen
- einen „Stromzaun“ im Motorraum installieren, der einem eindringenden Marder einen leichten Stromstoß verpasst
- die Vorderräder auf Kaninchendraht parken, dabei muss das auf dem Boden liegende Gitter bis zur Mitte der Fahrersitzreihe reichen

Nach einem Marderschaden sollte man eine Motorreinigung machen, damit der Geruch fremder Steinmarder beseitigt wird.

FINNs TIPP!

Lärmender Mitbewohner

Wenn es auf deinem Dachboden nachts so richtig laut hergeht, dann haust dort vermutlich ein Steinmarder. Er bewohnt nämlich gerne Dachböden, Schuppen und Geräteschuppen, in denen er besonders während der Paarungszeit im Juni und Juli durch sein lautes Poltern auffällt. Danach kehrt meist Ruhe ein, denn Steinmarder sind Einzelgänger. Außerhalb der Paarungszeit vertreiben sie sofort jeden Artgenossen aus ihrem Revier. Ein zweites Mal wird es dann unterm Gebälk so richtig laut, wenn im Frühjahr die kleinen Steinmarder den Dachboden als Spielarena erobern.

Auf einen Blick

Größe und Gewicht: etwa halb so groß und halb so schwer wie ein Eichhörnchen
Nahrung: Baum- und Beerenfrüchte, Knospen, Rinde, Blätter und Triebe
Typisch: kommt auch in Gärten vor, baut sein Nest gern in einen Nistkasten

Der Siebenschläfer

Siebenschläfer sehen aus wie kleine, graue Eichhörnchen. Allerdings sind sie nur in der Dämmerung und bei Nacht unterwegs. Dann kannst du allerhand merkwürdige Geräusche hören, die diese lauten Burschen machen: zwitschern, pfeifen, quieken und surren. Ihren Namen verdanken die putzigen Tierchen mit den großen Augen ihrem überlangen Winterschlaf.

Sieben Monate schlafen

Weil Siebenschläfer wie Igel und Fledermäuse bei uns im Winter nichts mehr zu fressen finden, ziehen sie sich schon im September/Oktober in ein frostsicheres Versteck zurück und verschlafen die kalte Jahreszeit. Bis zu sieben Monate lang dauert der Winterschlaf dieser putzigen Gesellen.

Im Winterschlaf lebt der Siebenschläfer nur von der Speckschicht, die er sich im Sommer und Herbst angefuttert hat. Damit sie lange ausreicht, senkt der Siebenschläfer seine Körpertemperatur weit ab und fühlt sich ganz kalt an. Auch sein Herz schlägt dann langsam und er atmet nur ganz wenig.

Erst wenn es im April/Mai draußen wieder richtig warm ist, wacht der Siebenschläfer auf. Bald ist er dann wieder munter und geht hungrig auf Nahrungssuche.

Nahe Verwandte

Neben dem Siebenschläfer, der zu der Säugetiergruppe mit dem witzigen Namen Bilche gehört, leben bei uns auch noch einige andere Arten aus dieser Gruppe. Garten- und Baumschläfer sind kleine Varianten des Siebenschläfers. Während der Gartenschläfer an manchen Orten ganzjährig in die gut gefüllten Vorratskammern der Menschen zieht, bleibt der Baumschläfer stets im Wald. Auch die niedliche Haselmaus ist ein Bilch, und zwar der kleinste unter den heimischen Arten. Sie lebt hauptsächlich in unseren Wäldern. Ihr kugeliges Nest aus dürrem Gras und Laub baut sie im dichten Gebüsch oder in den Kronen junger Bäume. Alle Bilche sind nur im Dunkeln unterwegs, können hervorragend klettern und kommen nicht so gern auf den Erdboden.

FINNs TIPP!

Siebenschläfer anlocken

Siebenschläfer ruhen den Tag über in ihrem Nest aus Gras, Blättern und Moosen, das sie in Baumhöhlen, Nistkästen oder auf Dachböden anlegen. Wenn du Nistkästen für Vögel aufhängst, tust du damit auch den Siebenschläfern einen großen Gefallen.

Bildquelle: Leo/fokus-natur.de

Mäuse

Wusstest du, dass Maus nicht gleich Maus ist? Alle Mäuse sind Nagetiere, zu denen auch die Ratten gehören. Nach der Länge des Schwanzes unterscheiden Biologen Kurzschwanzmäuse (das sind Wühlmäuse wie Feld-, Rötel- und Erdmaus) von den Langschwanzmäusen, zu denen neben der Hausmaus auch die goldige Waldmaus sowie die unbeliebte Hausratte gehört. Wenn du daher wissen willst, wie eine Maus heißt, dann wirf zuallererst einen Blick auf den Schwanz.

Spitzmäuse und Haselmäuse hingegen sind keine Mäuse. Die kleinen Spitzmäuse mit der langen Schnauze und dem auffallenden Muffgeruch sind als Insektenfresser nah mit Igel und Maulwurf verwandt. Sie fressen auch keine pflanzliche Kost wie die Mäuse, sondern Würmer, Spinnen, Käfer und Schnecken. Die kletterfreudige Haselmaus ist auch keine Maus, sondern gehört wie der Siebenschläfer (siehe Seite 30) zu der Säugetiergruppe der Bilche. Eines aber haben alle Echten, Wühl- und sonstigen Mäuse gemeinsam: Sie sind nur bei Dämmerung und Nacht unterwegs.

Mäuse sind wichtig

Ohne Mäuse könnten unzählige Tiere nicht überleben. So gut wie jeder kleine bis mittelgroße Fleischfresser ernährt sich auch von Mäusen: Rotfüchse, Hermeline, Wiesel, Eulen, Mäusebussarde, Weißstörche, Reiher. Etliche unter ihnen machen sogar die Anzahl der geborenen Jungen von der Fülle an Mäusen abhängig: In einem guten Mäusejahr haben sie viel Nachwuchs, in ganz schlechten fällt die Brut sogar ganz aus.

Hüpfen wie ein Känguru – die Waldmaus

Trotz ihres Namens kommt die Waldmaus nicht nur im Wald, sondern auch in Gärten, Parks und auf Feldern vor. Eine Waldmaus erkennst du schon von Weitem: Zwischen tippelnden Schritten springt sie auch in weiten Bögen auf ihren langen Hinterbeinen wie ein Känguru. Dabei schafft sie bis zu 80 cm weite Sprünge! Immer wieder bleibt sie stehen, richtet sich auf und beobachtet aufmerksam die Umgebung. Tagsüber ruht sie in ihrem unterirdischen Bau, gerne richtet sie sich ihr gepolstertes Nest aber auch in einem Vogelnistkasten ein. Sie kann nämlich hervorragend klettern. Im Winter kommt die Waldmaus auch in unsere Gebäude und nascht dann gern an den Vorräten.

FINNs TIPP!

Mäusestraßen

Auf den ersten Blick erkennst du, ob auf einer Wiese Feldmäuse leben oder nicht: Dort, wo sie leben, kannst du viele Mäusestraßen entdecken. Feldmäuse legen nämlich zwischen den Eingängen zu ihren unterirdischen Erdbauten ausgelaufene Wege an, auf denen keine Pflanze mehr wächst. Oft sind sie so tief in dem Wiesenboden eingegraben, dass sie im Sommer regelrecht von den Wiesenpflanzen überdacht werden. Setze dich ganz ruhig neben eine solche Mäusestraße: Mit etwas Glück huscht eine kleine Maus an dir vorbei. Feldmäuse sind übrigens auch tagsüber aktiv.

Die Schleiereule

Waldkauz, Waldohreule und die anderen Eulen, die bei uns leben, bevorzugen Wälder oder Gebiete, in denen viele Bäume stehen (siehe Seite 74). Anders die hell gefärbte Schleiereule: Sie ist in waldarmen Feld- und Wiesenlandschaften zu Hause und kommt daher in ländlichen Regionen rund um Dörfer vor. Gerne brütet sie in Kirchtürmen, Dachstühlen, Scheunen und nimmt auch von Menschenhand geschaffene Nistkästen an. Auf den umliegenden Wiesen und Feldern geht die Schleiereule nachts auf Mäusejagd.

Auf einen Blick

Größe und Gewicht: etwa so groß wie eine Krähe, 300–350 g schwer
Nahrung: hauptsächlich Feldmäuse, auch Spitzmäuse, seltener kleine Vögel
Typisch: brütet in Dörfern, jagt auf Wiesen und Feldern

Um eine Maus zu finden, verlässt sich die Schleiereule nicht nur auf ihre Augen. Vielmehr nimmt sie ihre Beute – so wie alle Eulen – mit ihrem feinen Gehör wahr. Die Schleiereule fliegt, dank besonders gebauter Federn an den Flügeln, absolut lautlos. Dadurch kann ein Beutetier wie eine Maus die heranfliegende Eule nicht hören, diese aber in der Stille der Nacht jedes kleinste Geräusch: Eulen hören sogar Mäuse, die unter einer geschlossenen Schneedecke herumtippeln oder in ihrem unterirdischen Bau piepsen.

SCHON GEWUSST?

Schleiereulen weltweit

Erstaunlicherweise ist nicht die Rabenkrähe oder ein kleiner Singvogel wie der Haussperling die Vogelart, die am weitesten auf der Erde verbreitet ist. Dieser Rekordhalter ist die Schleiereule. Sie kommt auf allen Kontinenten außer in der Antarktis vor!

Ganz besondere Eulenohren

Da sich die beiden Eulenohren nicht auf derselben Höhe am Kopf befinden, kommt ein Geräusch an einem Ohr einen Sekundenbruchteil früher an als beim anderen. Wegen dieses winzigen Zeitunterschieds weiß die Eule ganz genau, wo jedes Geräusch herstammt. Auch die eulentypisch angeordneten Federn im Gesicht bewirken, dass jeder kleinste Laut zu den Ohren gelangt.

FINNs TIPP!

Gibt es bei dir Schleiereulen?

Ob eine Schleiereule in deiner Nähe lebt, kannst du an ihren typischen Rufen herausfinden: Im Frühjahr und manchmal auch im Sommer ertönen rund um den Brutplatz und beim Fliegen die laut kreischenden „Chrüüh"-Rufe, die lang anhalten und plötzlich verstummen. Wenn eine Schleiereule in den Scheinwerferlichtern eines Autos auftaucht, dann sieht sie wie ein weißer Geist aus. In Wirklichkeit ist nur ihr Bauch sehr hell, während die Rückenseite eher goldbraun gefärbt ist.

Echte Frösche

Kaum geht im Sommer die Sonne unter, schon setzt am Teich das laute Quaken der Frösche ein. Zu der Gattung der Echten Frösche gehören aber nicht nur die grünen Frösche im Teich, sondern auch der bräunliche Grasfrosch. Sie alle sind hauptsächlich in der Dämmerung und nachts aktiv, können aber auch bei Tageslicht beobachtet werden.

Grüne Frösche im Teich

Normalerweise können Biologen jede Tierart genau bestimmen. Bei den Grünfröschen im Teich ist das aber nicht so einfach, denn bei ihnen gibt es auch Mischformen aus verschiedenen Arten: Kleiner Wasserfrosch, Seefrosch und Teichfrosch heißen die Burschen, die allesamt sehr ähnlich aussehen. Alle Grünfrösche leben das ganze Jahr über an und in einem Gewässer. Dort legen sie im Frühjahr ihre klumpigen Laichballen ab, aus denen bald die Kaulquappen schlüpfen. Kaulquappen sind herrlich zu beobachten: Sie raspeln die feinen Algenbeläge auf den Wasserpflanzen ab und werden täglich etwas größer. Wenn sie vier Wochen alt sind, wachsen ihnen Beine und der Schwanz wird immer kürzer. Bald verlassen sie als kleine Mini-Fröschchen das Wasser.

FINNs  TIPP!

Wer quakt am Gartenteich?

Am Quaken kannst du die verschiedenen Froscharten voneinander unterscheiden. Der Seefrosch ruft keckernd, während der Teich- und der Kleine Wasserfrosch gleichmäßig schnarrend rufen. Beim Quaken erscheinen in den beiden Mundwinkeln der Grünfrösche zwei runde hellgraue Schallblasen, die wie Kaugummiblasen aussehen. Grasfrösche kannst du nur im Frühjahr am Teich hören: Ihr Gequake klingt wie leises Knurren. Frösche können sehr laut quaken. Dabei wurden schon 64 und mehr Dezibel Lärm gemessen, das ist so laut wie Straßenlärm. Menschen fühlen sich durch lautes Froschgequake oft gestört. Daher ist ein Froschteich in Nachbars Garten oft ein häufiger Streitgrund.

Der Grasfrosch

Er ist der braune Verwandte der Grünfrösche. Doch er unterscheidet sich nicht nur durch seine Färbung, sondern auch durch seine Lebensweise. Grasfrösche tauchen nur im Frühjahr an den Gewässern auf, um sich dort zu paaren und die Eier abzulegen. In dieser Zeit geben Männchen selbst spät am Tag keine Ruhe und rufen abends und nachts leise knurrend im Gewässer. Erreicht die Paarungszeit ihren Höhepunkt, hört man sie manchmal sogar tagsüber quaken. Ist diese Phase vorbei, verlassen die Grasfrösche wieder die Gewässer und halten sich das restliche Jahr über an Land auf.

Geschützt!

Alle heimischen Lurche – das sind Frösche, Kröten, Molche und Salamander – stehen unter Artenschutz. Deshalb darfst du keinen Laich, keine Kaulquappen und keine ausgewachsenen Lurche aus einem Tümpel fischen und in deinen Gartenteich setzen. Wenn du aber in der Nähe eines natürlichen Gewässers wohnst, in dem es diese Lurche gibt, und du einen Naturteich mit vielen verschiedenen Pflanzen, Steinen und Wurzeln und ohne Goldfische oder Koi-Karpfen hast, wandern die Tiere vielleicht auch freiwillig in deinen Garten.

Der Laubfrosch

Auf einen Blick

Größe und Gewicht: bis zu 5 cm lang, 4–9 g schwer
Nahrung: Mücken, Fliegen und andere Insekten
Typisch: die kleinste heimische Froschart, sonnt sich tagsüber gern in Sträuchern, Bäumen und Schilfdickicht

Obwohl auch der Laubfrosch grün gefärbt ist, unterscheidet er sich in vielen Dingen von den grünen Wasser-, Teich- und Seefröschen: Er braucht ganz viel Wärme, sonnt sich gern in den höchsten Baumwipfeln und verlässt erst im April sein schützendes Winterversteck in einer Erd- oder Baumhöhle. Zur Paarung taucht er dann in den Mainächten an den heimischen Gewässern auf: Dort kannst du ihn nachts laut „Äpp-äpp-äpp-äpp“ oder „Kä-kä-kä-kä“ rufen hören. Rufende Laubfrösche erkennst du auch an der großen Schallblase an ihrer Kehle.

Nach der Paarung und der Eiablage verlassen die Laubfrösche wieder die Gewässer und halten sich nun am liebsten in Sträuchern und Bäumen auf. Dank ihrer Saugnäpfe an den Füßen können sie hervorragend klettern. Auch dort ertönen ihre typischen Rufe. Meist kannst du sogar mehrere Laubfrösche hören: Wenn nämlich einer mit dem Rufen beginnt, stimmen andere Laubfrösche ein. So ertönt bald ein mehrstimmiger Chorgesang. Laubfrösche können sehr alt werden, ein Alter von15 Jahren ist keine Seltenheit.

SCHON GEWUSST?

Laubfrösche sind KEINE Wetterfrösche!

Früher wurden Laubfrösche gern als lebende Messinstrumente in einem Einmachglas gehalten. Im Glas befand sich auch eine kleine Leiter. Die Menschen meinten nämlich, dass der Laubfrosch ihnen das Wetter vorhersagt: Wenn er oben auf der Leiter sitzt, würde das Wetter schön werden, sitzt er unten, zeige er schlechtes Wetter an, dachte man. Doch das ist völliger Quatsch. Der Laubfrosch klettert nur deswegen bei warmem Wetter nach oben, weil er dort in seinem Gefängnis mehr Sauerstoff bekommt als unten.

Auf Beutejagd

In der freien Natur allerdings zeigt dir der Laubfrosch das gerade herrschende Wetter an: Ist es trocken und sonnig, so klettert er in den Bäumen und Büschen weit nach oben, weil sich dann dort die Mücken und Fliegen aufhalten. Will er satt werden, so muss er seiner Beute nämlich hinterherklettern. Bei regnerischem oder kühlem Wetter halten sich auch die Fluginsekten eher am Boden auf und der Laubfrosch findet dort genügend Nahrung.

Nachtfalter

Wenn es abends dunkler wird, suchen die Tagfalter schützende Verstecke unter Blättern und im dichten Gebüsch auf. Dann erwachen die Nachtfalter. Auch Nachtfalter sind Schmetterlinge wie die Tagfalter – und nicht jeder Nachtfalter ist eine Motte. Zu dieser artenreichen Insektengruppe gehören nämlich auch wunderschöne, große Nachtschmetterlinge, die du leicht beobachten kannst. Viele Nachtfalter besitzen kräftige oder stark verzweigte Fühler am Kopf, mit denen sie gut riechen können. Während die Tagfalter mit ihren Augen Pollen und Nektar tragende Blumen erkennen, finden die Nachtfalter ihre Nahrung und ihre Partner im Dunkeln meist über den Duft.

Das Taubenschwänzchen

Wenn an warmen Sommerabenden ein kolibriähnliches Tier vor den Blüten von Sträuchern, Balkon- oder Beetblumen in der Luft steht, dann hast du ein Taubenschwänzchen entdeckt. Schwirrend steht der recht große, dicke Falter in der Luft und saugt mit seinem langen Saugrüssel Nektar aus den tiefen Blütenkelchen. Eigentlich ist das Taubenschwänzchen rund ums Mittelmeer zu Hause. In warmen Sommern aber überfliegt dieser Schmetterling die Alpen und kommt auch zu uns. Oft tauchen dann bei uns so viele Falter auf, dass sie sich sogar paaren und Eier ablegen. Außer in den wärmsten Regionen, wie etwa am Oberrhein, überleben die Falter den kalten Winter aber nicht.

Nachtfalter befreien

Wenn im Sommer in deinem Zimmer Licht brennt und das Fenster weit geöffnet ist, fliegen gerne Nachtfalter hinein. Bringe jeden Nachtfalter wieder ins Freie: Gib ihn vorsichtig in deine hohle Hand oder in eine Becherlupe und fass dabei nicht seine Flügel an, damit die feinen Schuppen darauf nicht verletzt werden.

FINNs TIPP!

Nachtfalter anlocken

Um Nachtfalter anzulocken, hängst du eine brennende Taschenlampe, hinter die du ein weißes Tuch spannst, an einen Ast. Bald sammeln sich Nachtfalter auf dem weißen Tuch. Schau sie dir genau an und versuche sie mithilfe eines Schmetterlingsbuches zu bestimmen. Baue deine Lichtfalle an verschiedenen Stellen und zu verschiedenen Jahreszeiten auf – sammeln sich stets dieselben Arten im Tuch oder sind es verschiedene?

Einige heimische Nachtfalter

Der Mondvogel, die Zackeneule und der Brombeerspinner gehören zu den häufigen Nachtfaltern in unseren Gärten. Besonders häufig kannst du den hübschen Mittleren Weinschwärmer mit den rosa-olivgrünen Flügeln an den Blüten der Nachtkerzen beobachten. Augenförmige Flecken besitzen der Nagelfleck und das Kleine Nachtpfauenauge. Die Fühler der Männchen sind bei diesen Arten besonders groß und in viele, ganz feine Ästchen geteilt.

Nachtfalterblumen, die nachts ihre duftenden Blüten öffnen, werden gerne von diesen Faltern besucht (s. S. 27).

SCHON GEWUSST?

Haarige Raupen – igittigitt!

Viele Tag- und Nachtfalter haben haarige Raupen. Diese Haare schützen die Raupen vor dem Gefressenwerden, denn viele Vögel mögen nur unbehaarte Raupen.

Das Glühwürmchen

Auf einen Blick

Größe: bis zu 1 cm lang
Nahrung: keine, nur die Larven ernähren sich von Schnecken
Typisch: leuchten in warmen Sommernächten, erwachsene Käfer leben nur wenige Tage

Wenn du in einer dunklen Sommernacht ein Glühwürmchen entdeckst, ist das etwas ganz Besonderes. Früher gab es bei uns diese Leuchtkäfer in jedem Dorf, heute sind sie an vielen Orten selten geworden. Diese etwa 1 cm langen Leuchtkäfer haben am Hinterleib mehrere grünliche Leuchtfelder wie eingebaute Taschenlampen.

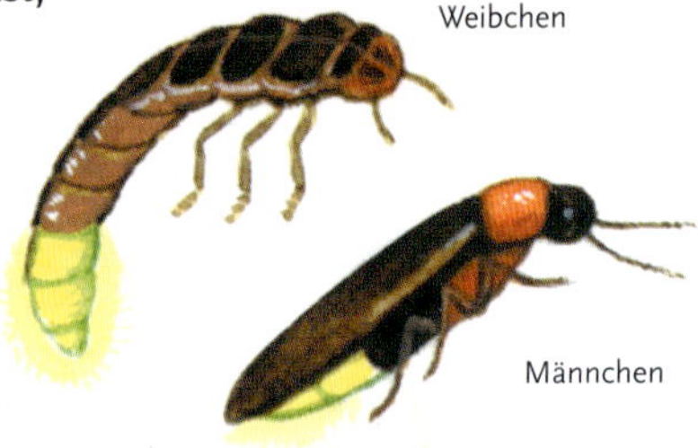

Das Glühwürmchen ist kein Wurm, sondern ein Käfer. Das schwarze Männchen sieht auch wie ein Käfer aus, während das weißliche Weibchen eher an eine Larve erinnert. Die beiden Geschlechter kannst du auch bei Dunkelheit gut voneinander unterscheiden: Nur die Männchen können fliegen – daher sind sie die leuchtenden Punkte, die in der Luft herumtanzen. Die flügellosen Weibchen hingegen sitzen immer im Gras oder in niedrigen Pflanzen. Dort locken sie mit ihrem Licht die Männchen an, die sich einfach aus dem Flug auf das Weibchen fallen lassen.

Bildquelle: www.bjodo.de, Björn Döring

SCHON GEWUSST?

So leuchten Glühwürmchen

Das Kleine Glühwürmchen besitzt ganz besondere Leuchtorgane. Diese sitzen auf der Bauchseite ganz hinten am Hinterleib, beim Weibchen befinden sich weitere Leuchtfelder zusätzlich auch noch an den Seiten des Hinterleibs. Das grünliche Leuchten entsteht, wenn in diesen Leuchtorganen die beiden Stoffe Luciferin und Luciferase zusammenkommen. Biologen nennen dieses Leuchtphänomen Biolumineszenz. Das Licht der Glühwürmchen fühlt sich nicht warm an wie bei einer Glühbirne, sondern ganz kalt. Das spürst du, wenn du vorsichtig ein Glühwürmchen auf die Hand nimmst. Schau dir die Käfer auch mit der Taschenlampe an – so entdeckst du die leuchtenden Organe auf der Unterseite.

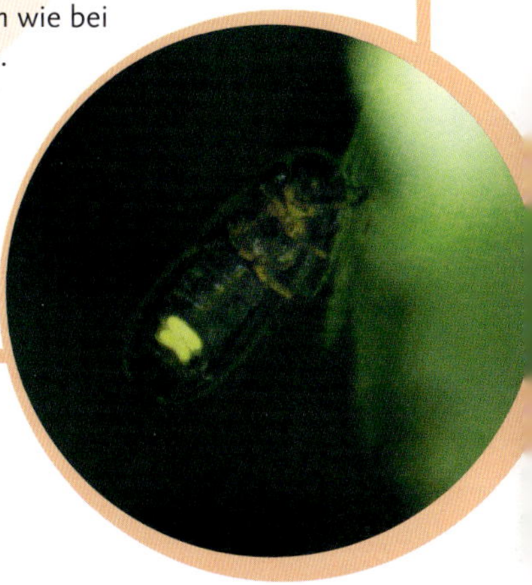

Bildquelle: www.bjodo.de, Björn Döring

Leuchtende Eier

Auch die Eier, die das Weibchen kurz nach der Paarung ins Gras ablegt, leuchten ein wenig. Aus ihnen schlüpfen asselförmige, dunkelgraue Larven, die ebenfalls leicht leuchten. Sie ernähren sich von Schnecken, während die ausgewachsenen Leuchtkäfer keine Nahrung mehr zu sich nehmen. Nach der Paarung sterben die Männchen relativ schnell, sie leben nur noch wenige Tage, die Weibchen hingegen leben ein paar Tage länger, sie sterben nach der Eiablage.

Die beste Beobachtungszeit

Glühwürmchen kannst du nur von Juni bis August beobachten. Dann beginnen sie etwa ein bis zwei Stunden nach Sonnenuntergang zu leuchten und das bei jedem Wetter, egal ob es warm ist oder regnerisch-kühl.

Der Maikäfer

Auf einen Blick

Größe: bis zu 2,5 cm lang
Nahrung: Larven fressen Pflanzenwurzeln, erwachsene Käfer Blätter von Laub- und Obstbäumen
Typisch: fliegt in der Dämmerung gern in großen Schwärmen, Larven (Engerlinge) leben bis zu 4 Jahre im Erdboden

Der schokoladenbraune Maikäfer trägt den Monat, in dem du ihn beobachten kannst, in seinem Namen: Im Mai schlüpfen die Käfer. Erst in der Abenddämmerung werden sie aktiv und sind dann manchmal in großen Schwärmen unterwegs. Weil sie sehr langsam fliegen und ihre Flügel nur wenig auf und ab bewegen, hörst du fliegende Maikäfer deutlich an ihrem Brummen.

Früher waren Maikäfer gefürchtete Schädlinge: Die weißen, madenförmigen Larven leben im Erdboden und fressen Wurzeln und Knollen. Dort, wo sie in großen Massen vorkommen, bringen sie dadurch viele Pflanzen zum Absterben. Wenn die Larven nach 3-4 Jahren zu dicken, rund 4,5 cm langen Engerlingen geworden sind, verpuppen sie sich. Die Engerlinge sind somit größer als das Tier selbst, denn die Larve muss so viel fressen, dass sie auch noch genug Energie für den Umbau von der Larve zum Käfer hat. In der Ruhezeit wird der Engerling in der Puppenhülle zum fertigen Käfer umgebaut. Im Herbst schlüpfen dann die Käfer im Erdboden, bleiben aber noch in ihrem Versteck bis zum nächsten Frühjahr: Erst dann krabbeln die Käfer an Maiabenden aus dem Boden. Nun leben sie nur noch wenige Wochen: Nach der Paarung und Eiablage sterben sie.

In Massen schädlich

Auch die Maikäfer richten dort, wo sie in Massen auftreten, große Schäden an, weil sie ganze Bäume kahl fressen können. Früher kam das alle drei bis vier Jahre vor – doch heute sind die Maikäfer wegen des häufigen Einsatzes von Schädlingsbekämpfungsmitteln bei uns leider selten geworden.

SCHON GEWUSST?

Die größten Käfer der Erde

Der Maikäfer gehört zu den Blatthornkäfern. Sie alle besitzen Fühler, deren Enden wie ein Fächer in viele Blättchen geteilt sind. Zu dieser großen Käfergruppe zählen auch die größten Käfer der Erde: der bis zu 12 cm lange Elefantenkäfer und der bis zu 17 cm lange Herkuleskäfer, die beide in Südamerika beheimatet sind.

FINNs TIPP!

Der Junikäfer

An Juniabenden bilden die kleineren Verwandten des Maikäfers oft dichte Schwärme: Die bis zu 18 mm langen, gelbbraunen Junikäfer haben einen ähnlichen Lebenslauf wie die Maikäfer, kommen bei uns aber noch häufiger vor. Wenn du in einen Schwarm Junikäfer gerätst, kann es passieren, dass die unbeholfenen Flieger auf dir landen. Hab keine Angst, sondern schau sie dir dann genauer mit der Taschenlampe an.

Nächtliche Räuber: die Laufkäfer

Auch am Erdboden kannst du im Dunkeln große Käfer entdecken: Nun gehen die räuberischen Laufkäfer auf Jagd nach Schnecken, Würmern, Insekten und deren Larven.

Bei uns leben mehrere hundert verschiedene Laufkäferarten, die bis zu 3 cm groß werden. Viele sind dunkel gefärbt und glänzen metallisch. Der Große Puppenräuber vertilgt bis zu 400 Raupen in einem Sommer. Er dringt sogar in die dichten Gespinstnester der Prozessionsspinnerraupen ein, die andere Tiere meiden. Einer der wenigen Laufkäfer, der tagsüber jagt, ist der grün-goldene Goldlaufkäfer. Er frisst am liebsten Regenwürmer, ernährt sich aber auch von den schädlichen Kartoffelkäferlarven.

Auf einen Blick

Größe: 7–9 mm lang
Nahrung: nur die Weibchen saugen Blut
Typisch: Larven leben nur im Wasser

Die Stechmücke

Sicher kennst du das: Du liegst in einer schwülwarmen Sommernacht bei geöffnetem Fenster in deinem Bett und bist gerade dabei einzuschlafen – da ertönt es an deinem Ohr laut „sssssssssssss“. Sofort bist du hellwach und versuchst, die lästige Stechmücke zu fangen – doch meist ist sie schneller und du erwischst sie erst, wenn du sie auf frischer Tat ertappst: beim Blutsaugen.

Die Stechmücke findet deinen Körper, weil sie deine Körperwärme und deinen Geruch wahrnimmt. Dann landet sie auf deiner Haut und bohrt ihren ultrafeinen Stechrüssel in deine Haut. Dort bewegt sich der Stechrüssel so lange herum, bis er eine Blutader trifft. Die Ader wird angezapft und schon kann die Stechmücke Blut saugen. Damit das Blut nicht sofort verklumpt und den Stechrüssel verklebt, spritzt die Stechmücke gleichzeitig mit dem Blutsaugen eine gerinnungshemmende Flüssigkeit in deine Ader – und die verursacht das Jucken, auch dann noch, wenn die Stechmücke schon längst davongeflogen ist.

SCHON GEWUSST?

Nur die Weibchen stechen

Ernährungstechnisch herrscht bei den Stechmücken Chaos in der Familie: Die Larven, die nur im Wasser leben, strudeln mit ihren Mundwerkzeugen kleine Schwebteilchen herbei. Die erwachsenen Männchen ernähren sich von Blütennektar und Blütenpollen – und nur die Weibchen saugen Blut. Sie benötigen diese energiereiche Kost, um überhaupt Eier bilden und ablegen zu können.

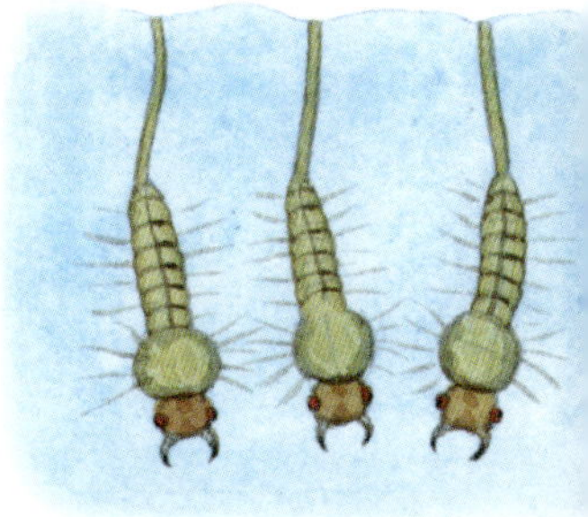

Wasser ist notwendig!

Stechmücken können nur dort leben, wo es Wasser gibt – das kann ein Tümpel oder Teich sein. Aber auch eine Regentonne, eine Gießwanne oder eine Wasserpfütze reicht aus, damit das Weibchen seine bis zu 60 Eier ins Wasser legen kann. Dort schlüpfen die länglichen Larven, die am Hinterleibsende ein langes Atemrohr besitzen. Mit diesem hängen sie sich wie mit einem Schnorchel kopfüber unter die Wasseroberfläche. Tauchst du deinen Finger in das Wasser, schwimmen die Larven schlängelnd zum Gewässergrund hinab. Erst wenn die Gefahr vorbei ist, kommen sie wieder an die Wasseroberfläche.

Im Gartenteich sind die Stechmückenlarven beliebte Nahrung von Fischen, Molchen und anderen Wassertieren. Daher stammen meist die Stechmücken, die dich belästigen, aus Regentonnen oder Gießkannen, in denen ihre Fressfeinde fehlen.

FINNs TIPP!

Eine Stechmücke schlüpft

Nach wenigen Tagen verpuppen sich die Larven. Auch die kugeligen Puppen hängen unter der Wasseroberfläche – in den Abendstunden kannst du beobachten, wie die fertigen Stechmücken aus ihren Puppenhüllen schlüpfen.

Sticht nicht – die riesige Kohlschnake

Vom brennenden Licht in deinem Zimmer werden in warmen Sommernächten auch Kohlschnaken angelockt. Diese Zweiflügler haben lange, dünne Beine und erinnern an eine fliegende Spinne. Du musst dich von ihnen aber nicht erschrecken lassen oder sie gar fürchten – Kohlschnaken sind völlig harmlos und können weder stechen noch beißen. Bring sie daher vorsichtig wieder ins Freie.

Heuschrecken und Grillen

Auf bunten Wiesen, in pflanzenreichen Gärten und am Wegrand ertönt an heißen Sommertagen das vielstimmige Konzert der Heuschrecken. Mit dem Einbruch der Dämmerung hören diese Insekten aber nicht mit ihrem schwirrenden Gesang auf, sondern zirpen munter weiter. Weil dann auch noch andere Heuschreckenarten mitzirpen und weil Laute in der kühler werdenden Luft besser gehört werden, nimmt die Lautstärke des Heuschreckengesangs in der Nacht zu.

Munteres Zirpkonzert

Viele Heuschrecken unter den über 200 heimischen Arten paaren sich nur abends und nachts. Darum sind sie bei Dunkelheit ganz besonders munter und zirpen in voller Lautstärke. Bei den Heuschrecken singen nicht nur die Männchen, auch manche Weibchen stimmen in das Konzert ein.

Die Heuschrecken mit den langen Fühlern erzeugen ihre Töne wie ein Geigenspieler mit seinem Instrument: Der dicke Oberschenkel der Hinterbeine ist der Bogen, mit dem das Insekt über eine harte Kante auf dem Vorderflügel wie über die Saite einer Geige streicht. Andere Heuschreckenarten reiben ihre hartkantigen Vorderflügel gegeneinander, wieder andere erzeugen Töne durch „Zähneknirschen" – sie reiben ihre Mundwerkzeuge aneinander.

SCHON GEWUSST?

Wo sind die Ohren der Heuschrecken?

Da Heuschrecken über das Zirpen ihren Partner finden, müssen sie die Töne auch hören können. Ihre Ohren befinden sich aber nicht rechts und links vom Kopf, sondern bei manchen Heuschrecken an den Hinterleibsseiten, bei anderen an den Knien.

FINNs TIPP!

Heuschrecken beobachten

Wenn du genau beobachten willst, wie Heuschrecken Musik machen, kannst du eine einzelne Heuschrecke für wenige Tage in einem großen Glas mit Deckel halten, in den du Luftlöcher gebohrt hast. Möchtest du mehrere Heuschrecken halten, so brauchst du ein kleines Terrarium. Biete den Tieren Zweige und Äste als Halt und Haferflocken, zerschnittene Mehlwürmer und verschiedene frische Pflanzen wie Löwenzahn, Vogelmiere und Gräser als Nahrung an. Manche Heuschrecken fressen auch gerne Blattläuse vom Stängel.

Mit der Lupe siehst du, wie deine Heuschrecke singt. Da jede Heuschreckenart einen ganz typischen Gesang hat, solltest du zirpende Heuschrecken mit einem MP3-Player aufnehmen. Dann lernst du mit der Zeit, die verschiedenen Heuschreckenarten an ihrem Gesang zu unterscheiden.

Die Feldgrille

Bis zu 50 m weit kannst du die lauten „Zri-zri-zri"-Rufe der dunkel gefärbten Feldgrillen hören. Unermüdlich bis tief in die Nacht hinein tragen die Männchen ihren Gesang vor. Dabei sitzen sie auf einem freien Platz vor dem Eingang zu ihrer Erdhöhle. Mit viel Glück und Geduld kannst du eine Feldgrille aufspüren – doch das ist nicht so einfach. Denn bei der kleinsten Störung, und sei es einer deiner Schritte, verstummt sie.

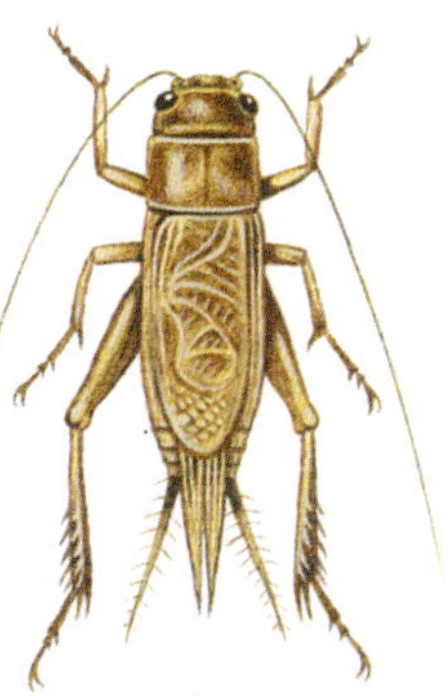

Das Heimchen am Herd

Früher gab es in vielen Küchen Heimchen, die sich besonders im Winter in die warmen Häuser zurückzogen. Dort lebten die hellbraunen, kleineren „Hausgrillen" versteckt in Bodenritzen und hinter Schränken und fraßen Küchenreste. Ihr wohlklingender Gesang ist nur abends und nachts zu hören. Da sie keine Krankheiten übertragen können, richteten sie keine Schäden an.

Spinnen

Alle Spinnen sind Jäger. Die meisten sind tagsüber aktiv, doch die Gartenkreuzspinne und die Hausspinne jagen auch bei Nacht. Alle Echten Spinnen besitzen Spinndrüsen, mit deren Hilfe sie dünne Spinnfäden herstellen. Daraus bauen viele kunstvolle Spinnennetze, mit denen sie ihre Beute fangen.

Die Gartenkreuzspinne

Das runde Radnetz der Gartenkreuzspinne findest du in Bäumen und Sträuchern, aber auch vor Fenstern und Türen, zwischen den Streben von Brücken und Balkongeländern sowie dort, wo nachts Lampen leuchten. Nachts sitzt die Spinne kopfüber in der Mitte ihres Netzes, tagsüber versteckt sie sich in der näheren Umgebung. Dann ist sie nur mit einem Signalfaden mit ihrem Netz verbunden, über den sie jede kleinste Bewegung wahrnimmt.

Das Netz sieht aus wie ein Rad mit Speichen. Zwischen den glatten Lauffäden, auf denen sich die Spinne durch ihr Netz bewegt, sind klebrige Fangfäden gespannt. Daran bleiben Mücken und Fliegen, Käfer und Schmetterlinge und viele andere Beutetiere hängen. Sobald sich ein Beutetier im Netz verfangen hat, fesselt die Spinne ihr Opfer mit Spinnfäden, beißt zu und spritzt lähmendes Gift und Verdauungsflüssigkeit in das Beutetier. Dadurch verflüssigt sich dessen Körperinneres, das die Spinne nur noch aufsaugen muss – eine Spinne kann nämlich weder Stücke aus ihrem Opfer beißen noch kauen.

Die Hausspinne

Viele Menschen fürchten sich vor dieser größten heimischen Spinne, die zudem in den Kellerräumen lebt. Dort spinnt sie in den Ecken ein Trichternetz, mit dem sie ihre Beute fängt. Manchmal verirrt sich ein Männchen auf der Suche nach einem Weibchen auch in die Wohnung. Fällt es dann in eine Badewanne oder ein Waschbecken, so ist es dort gefangen: Die Wände sind nämlich viel zu glatt für diese Spinne. Trotz des 1,5 cm langen Körpers und den langen Beinen musst du keine Angst haben: Fang die harmlose Spinne vorsichtig mit einem großen Becher und setze sie wieder in den Keller. Du könntest sie auch mit den bloßen Händen fangen, denn ihre Giftklauen können deine Haut nicht durchdringen. Sehr nützlich: Im Keller sorgt sie dafür, dass sich keine schädlichen Insekten breit machen.

FINNs  TIPP!

Eine Spinne beim Netzbau beobachten

Die Gartenkreuzspinne baut sich jeden Tag ein neues Netz. Das alte ist dann meist zerrissen, weil Zweige hineingefallen sind, sich darin Beute verfangen oder der Wind Löcher hineingeblasen hat. Auch die Fangfäden sind dann nicht mehr klebrig. Bevor die Spinne ein neues Netz baut, frisst sie das alte auf.

Übrigens: Frühmorgens ist die beste Zeit, um eine Spinne beim Netzbau zu beobachten. Stoppe einmal, wie lange sie dafür benötigt.

Lebensraum Wald

Ohne den Menschen würde es bei uns fast überall Wälder geben. Der Wald ist eine ganz andere Welt als etwa eine Wiese oder ein Feld: Die hohen Bäume bilden so etwas Ähnliches wie ein Gebäude mit Keller, Fußboden, Stockwerken und einem dichten Blätterdach. Tagsüber scheint das Leben im Wald zu ruhen, denn viele Waldtiere werden erst nachts aktiv.

Die Stockwerke des Waldes

In den Erdhöhlen der unterirdischen Kellerschicht leben Mäuse, Dachse und Füchse. Sie verlassen ihren Bau erst bei Dunkelheit. Im Erdgeschoss, das heißt im zarten Moospolster und raschelnden Laub, sind Schnecken, Feuersalamander und Erdkröten unterwegs, während sich im ersten Stock zwischen Kräutern, Farnen und Blumen viele Spinnen, Käfer und andere Insekten tummeln. Im zweiten Stock, den Sträuchern und jungen Bäumen, die sich auf deiner Augenhöhe befinden, fressen nachts Rehe und Hirsche ihre Blätternahrung, während tagsüber in den hohen Baumkronen, dem Dachgeschoss, die nachtaktiven Eulen und Baummarder ruhen. So lädt dich der Wald schon in der Dämmerung zu Entdeckungstouren ein – lass dich überraschen.

Achtung, Zecken!

Von März bis Oktober können im Gestrüpp Zecken lauern, die du beim Vorbeigehen abstreifen kannst. Bevor sie sich an einer geeigneten Körperstelle festbeißen, laufen sie oft noch stundenlang auf dem Körper umher. Da Zecken gefährliche Krankheiten übertragen können, solltest du deinen nackten Körper nach einem Ausflug in den Wald nach ihnen absuchen.

Waldtiere bei Nacht entdecken

Viele Waldtiere wie die scheuen Hirsche, Wildschweine, Füchse und Eulen sind in der Dämmerung und Nacht aktiv. Darum ist eine Wanderung in den abendlichen Wald besonders spannend. Überall raschelt es und allerlei fremde Geräusche sind zu hören: die Rufe eines Waldkauzes, das Bellen eines Rehbocks oder das Röhren eines Rothirsches.

Abenteuer pur – eine Nacht im Wald

Manchmal bieten örtliche Natur- oder Jugendorganisationen eine Abenteuernacht im Wald an – das darfst du dir auf keinen Fall entgehen lassen. Im Wald könnt ihr aus herumliegenden Ästen, Fichtenzweigen, Laub und Moos ein bequemes Lager bauen. Dann kommt der große Moment: Licht aus! Sofort umgibt euch der dunkle Wald. Seid nun ganz leise und lauscht den Stimmen und Geräuschen: Mit einem MP3-Player oder einem Handy könnt ihr die nächtlichen Tierstimmen aufnehmen. Versuche am nächsten Tag zu Hause herauszufinden, welche Tiere du gehört hast. Vielleicht ist ja sogar ein Dachs vorbeigetrottet. Auch Fledermäuse gibt es im Wald, sie jagen gern entlang der Waldwege.

FINNs TIPP!

Am Wildgehege

In vielen Wäldern werden Rot- und Damhirsche, Wildschweine und Rehe in einem Wildgehege gehalten. Dort kannst du diese nachtaktiven Tiere manchmal auch bei Tag live beobachten, denn in der freien Natur verstecken sie sich tagsüber meistens.

Eine Sommernacht im Wald

In den kurzen Sommernächten sind alle Tiere, die du auf den folgenden Seiten kennenlernst, nachts unterwegs: Füchse, Wildschweine, Rehe, Hirsche, Eulen, Mäuse, Feuersalamander und viele mehr. Du kannst ihre typischen Rufe und ihr Rascheln im Laub hören. Entlang der Waldwege blinken die grünlichen Lichter der Glühwürmchen (siehe Seite 42), Nachtfalter flattern von Busch zu Busch und Schnecken machen sich über die feuchten Kräuter her. Nun ist es kühl und feucht genug für diese nachtliebenden Tiere. Auch im Wald kannst du die verschiedenen Nachtfalter mithilfe einer Taschenlampe anlocken und kennenlernen (siehe Seite 40): Wie viele verschiedene hast du entdeckt?

FINNs TIPP!

Spurenfalle am Wildwechsel

Mit einer Spurenfalle kannst du herausfinden, welche Tiere nachts im Wald herumlaufen. Die meisten Tiere bewegen sich nämlich nicht einfach so kreuz und quer durch den Wald, sondern streifen nachts am Wald- oder Heckenrand umher, folgen einem Bach- oder Flusslauf oder bleiben auf bekannten Pfaden. An Engpässen wie schmalen Stegen oder Durchgängen zwischen hohem Gebüsch kommen dann besonders viele Fährten beisammen. Dort kannst du im Sommer eine Spurenfalle aufstellen: Breite abends an einem solchen schmalen Durchgang eine dicke Lage feuchten Schlamm oder Sand aus, den du mit einem Brett ganz glatt streichst. Schaue am nächsten Morgen nach, welche Tiere ihre Abdrücke im weichen Untergrund hinterlassen haben. Ein Buch mit Abbildungen der Fußabdrücke und Trittsiegel hilft dir bei der Bestimmung.

SCHON GEWUSST?

Die wilden Verwandten der Hauskatze

In unseren Wäldern leben auch zwei wilde Verwandte der Hauskatze, die aber leider sehr selten geworden sind: der Luchs und die Wildkatze. Auch sie sind nachts aktiv und ruhen den Tag über in ihrem Versteck. Die Wildkatze sieht einer verwilderten, getigerten Hauskatze sehr ähnlich, aber ihr Schwanz ist sehr buschig. Als Einzelgänger durchstreifen sie die heimischen Wälder abseits von Häusersiedlungen. Am ehesten kannst du im Januar und Februar einem Wildkatzenmännchen begegnen, denn dann zieht es auf der Suche nach einem paarungsbereiten Weibchen weit umher. Der schäferhundgroße, sehr schlanke Luchs mit dem hellen, dunkel getupften Fell und den langen, dunklen Haarpinseln an den dreieckigen Ohren lebt auch als Einzelgänger in abgeschiedenen Waldgegenden. Auf leisen Pfoten schleicht er nachts durch sein großes Revier und erbeutet mit nur wenigen gezielten Sprüngen Hasen, Rehe und kleine Nagetiere.

Bei Nacht im Herbstwald

Mit den kürzer werdenden Tagen bereiten sich auch die nachtaktiven Tiere auf den Winter vor. Dachse, Waschbären und Fledermäuse gehen nun manchmal schon vor Sonnenuntergang auf Nahrungssuche, damit sie sich genügend Fettpolster anfressen können.

Waldtier-Uhr

Die Tier-Uhr verrät dir, wann die Waldtiere in den warmen Sommermonaten aufwachen und wann sie schlafen gehen. Diese Zeiten ändern sich allerdings mit dem Tagesgang der Sonne immer wieder. Die meisten Tiere sind auch nicht die ganze Nacht wach: Haben sie genug Nahrung gefunden, legen sie immer wieder Ruhepausen ein. Der Rothirsch zum Beispiel frisst meist in diesen Stunden: von 21 Uhr bis Mitternacht und von 4-6 Uhr am Morgen – zu den anderen Zeiten ist er mal wach, mal schläft er, aber das alles ganz unregelmäßig.

Tier	wird wach	geht schlafen
Erdkröte	20.00 Uhr, im Frühjahr während der Paarungszeit auch schon früher	04.30 Uhr
Rothirsch	21.00 Uhr	Mitternacht
	04.00 Uhr	06.00 Uhr
Ziegenmelker	21.15 Uhr	23.45 Uhr
	01.00 Uhr	05.00 Uhr
Baummarder	21.30 Uhr	05.00 Uhr
Waldkauz	22.00 Uhr	05.30 Uhr
Dachs	22.30 Uhr	04.30 Uhr

Auf einen Blick

Größe und Gewicht: bis zu 90 cm lang plus 50 cm Schwanz, bis zu 10 kg schwer
Nahrung: hauptsächlich Mäuse, aber auch Würmer, Insekten, Vögel, Aas, ganz besonders gerne süße Früchte wie Beeren, Kirschen, Heidelbeeren
Typisch: lebt bei uns überall, sogar im Zentrum von Großstädten

Der Rotfuchs

Der Rotfuchs gehört zu den anpassungsfähigsten heimischen Tieren. Er kommt mit fast allen Lebensbedingungen zurecht und lebt daher heutzutage überall bei uns. Füchse sind sehr schlau: Sie kennen jeden Winkel in dem Gebiet, in dem sie leben. Sie wissen ganz genau, wo es die meisten Mäuse, ihre Lieblingsbeute, gibt und wo bei Gefahr der nächste Schlupfwinkel ist.

Er kennt sein Revier ganz genau

Füchse sind als Einzelgänger bei Dämmerung und in der Nacht aktiv. Die meiste Zeit verbringen sie damit, alles in ihrem großen Revier genauestens zu beobachten. Sie können einen harmlosen Spaziergänger von einem lauernden Jäger unterscheiden. Auf ihren nächtlichen Runden durch ihr Revier markieren sie auch immer wieder dessen Grenze, damit kein anderer Fuchs ihnen ihr Gebiet streitig machen kann: Dazu platzieren sie am liebsten einen Kothaufen auf einem erhöhten Stein oder Baumstumpf. Wenn du diese typischen Kotwürste an solch merkwürdigen Stellen findest, weißt du nun: Hier lebt ein Fuchs.

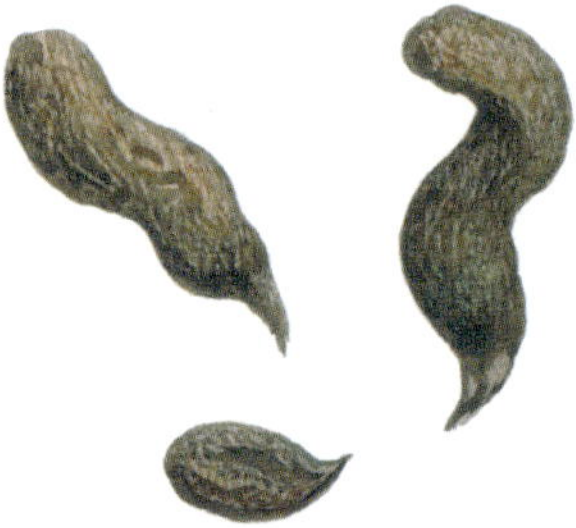

Rotfüchse in der Stadt

Schon seit Jahren erobern die Füchse die Großstädte. Darum musst du dich gar nicht wundern, wenn dir dieser einstige Wald- und Feldbewohner nachts mitten auf einer Rolltreppe zur U-Bahn begegnet. In den Städten gibt es für ihn genügend Unterschlüpfe in der verzweigten Kanalisation, in Stadtparks oder auf Friedhöfen. Als Nahrungsquelle haben die Füchse nicht nur die Wildkaninchen, Ratten und Abfallkörbe entdeckt, sondern auch manchen Zoo: Weil sie immer wieder eingesperrte Flamingos erbeuten, müssen die Freigehege in den Zoos fuchssicher gebaut werden. In der Stadt werden die Füchse aber nicht so alt wie in der freien Natur, denn viele sterben im Straßenverkehr.

FINNs TIPP!

Rotfüchse beobachten

Den Tag verbringt der Rotfuchs meist in seinem Bau, den er sich in weichem Erdreich selbst gräbt. In harten Böden nimmt er anstatt selbst zu graben lieber verlassene Erdbaue von Dachsen oder natürliche Erdhöhlen an. Im Herbst und Winter ist der Fuchs meist nur im Dunkeln unterwegs, es sei denn, ihn treibt großer Hunger auch tagsüber auf Nahrungssuche. Im Frühjahr und Sommer hast du bessere Chancen, einen Rotfuchs auch mal tagsüber zu beobachten: Dann muss er nämlich viel Futter für seine hungrigen Jungen auftreiben.

Verhalten wie eine Katze

Der Rotfuchs gehört wie der Wolf und unsere Haushunde zu der Säugetiergruppe der Hunde. Beobachtest du draußen oder in einem Zoo einen Rotfuchs, fallen dir aber sicherlich viele Verhaltensweisen auf, die an eine Katze erinnern: So verengen sich die Pupillen der Fuchsaugen bei Tageslicht zu schmalen, senkrechten Schlitzen. Ist ein Fuchs nervös, so zuckt seine Schwanzspitze. Und schließlich schleicht er sich an eine Maus geduckt heran, bevor er sie mit einem zielgenauen Sprung packt. So hat der Fuchs, obwohl er nicht mit Katzen verwandt ist, dieselbe Jagdstrategie für seine Lieblingsbeute entwickelt.

Der Mäusejäger

Ein Rotfuchs hört das zarte Piepsen und die leise trippelnden Füße von Mäusen schon von weitem. Er ernährt sich nämlich hauptsächlich von diesen kleinen Nagetieren. Langsam schleicht er sich an seine Beute heran, knickt seine langen Hinterbeine ein und stemmt sich plötzlich mit ganzer Kraft zum zielgenauen Sprung gegen den Boden: Mit den Vorderpfoten packt er die Maus und verschlingt sie ganz. Täglich braucht ein Fuchs 15-20 Mäuse, um satt zu werden. Doch der Fuchs mag nicht nur Mäuse, Regenwürmer und andere tierische Kost: Süße Früchte liebt er heiß und innig: Wenn Brombeeren, Heidelbeeren und andere Obstsorten reif sind, verspeist er sie in großen Mengen und sein Kot wird blau-schwarz gefärbt.

SCHON GEWUSST?

Das alles können Rotfüchse

- bis zu 50 km/h schnell rennen
- mit einem bis zu 4 m weiten Sprung eine Maus erbeuten
- an schrägen Stämmen auf Bäume klettern
- einen sich im Erdreich windenden Regenwurm hören
- 450 Mal besser riechen als ein Mensch
- über eine meterhohe Hecke springen

Nachwuchs bei den Füchsen

Im Winter suchen die Männchen ein Weibchen, um sich zu paaren. Dann kannst du nachts das kreischende Bellen der Füchse hören. Im Frühjahr kommen die vier bis sechs blinden Fuchsjungen im unterirdischen Bau zur Welt. Wenn es genügend Nahrung gibt, ist der Wurf größer. Herrscht allerdings Nahrungsmangel, dann gebärt die Fähe (sie heißt das Fuchsweibchen) nur ganz wenige Junge. So passt sich die Anzahl der Füchse in einem Gebiet an die vorhandene Nahrung an.

Während die Mutter ihre Jungen säugt, wird sie vom Fuchsmännchen (das auch Rüde genannt wird) mit Futter versorgt. Sind die Jungen etwa vier Wochen alt, machen sie ihren ersten Ausflug ins Freie. Draußen erkunden sie spielerisch die Umgebung und lernen von ihren Eltern, was essbar ist und wie man Mäuse fängt. Schon im Alter von zehn Monaten sind die Jungen ausgewachsen. Dann verlassen die jungen Männchen das elterliche Revier, während die Weibchen meist dort bleiben.

SCHON GEWUSST?

Die weiße Schwanzspitze

Rotfüchse haben einen buschigen Schwanz, der in einer weißen Spitze endet. Man könnte annehmen, dass das weiße Ende dazu da ist, dass die jungen Füchse bei den nächtlichen Streifzügen im Dunkeln besser ihre Eltern sehen. Sie müssen nur dem hellen „Rücklicht“ von Mama und Papa folgen.

Auf einen Blick

Größe und Gewicht: bis zu 90 cm lang, bis zu 18 kg schwer
Nahrung: Mäuse, kleine Vögel, Eier, Regenwürmer, Schnecken, Insekten und deren Larven, Spinnen, Tausendfüßer, Pilze, Früchte, Nüsse, Wurzeln
Typisch: lebt mit seiner Familie in einem unterirdischen Bau; geht meist allein auf Nahrungssuche

Der Dachs

Der Dachs ist sehr scheu. Tagsüber ruht er in seinem metertiefen, weit verzweigten Bau. Erst bei Anbruch der Dunkelheit wird er munter – doch auch dann wirst du ihn nur selten zu Gesicht bekommen. Solltest du dennoch diesem wunderschönen Marderverwandten mit dem schwarz-weiß gestreiften Kopf bei deinen Forschungstouren begegnen, bleib ganz still stehen. Vielleicht hast du ja Glück und er flieht nicht sofort ins nächste Gebüsch.

Der Dachs ist der unumstrittene Burgherr des Waldes. Nacheinander und sogar über mehrere Jahrhunderte bewohnen die verschiedenen Generationen einer Dachsfamilie ihren Bau, der bis zu 5 m tief in den Erdboden reichen kann. Bis zu 30 m lange, verzweigte Gänge verbinden die geräumigen Schlaf-, Vorrats-, Wurf- und Wachhöhlen einer Dachsburg, die sich auf mehreren Stockwerken befinden. Zahlreiche Ein- und Ausgänge mit Fluchttunneln und langen Rutschen führen nach draußen. Frische Luft gelangt über spezielle Belüftungsschächte ins Innere. Weiche Moospolster, Gräser und Blätter polstern die Wohn- und Schlafkammern aus. Bei den Dachsen herrscht peinlich-genaue Sauberkeit: Abfall wird sorgfältig draußen entsorgt.

FINNs TIPP!

Der Dachsbau

Wenn du einmal einen Dachsbau sehen möchtest, solltest du den Förster fragen. Vielleicht gibt es ja einen in dem Wald in deiner Nähe und du darfst den Förster einmal bei seinem Rundgang begleiten. Einen Dachsbau kannst du leicht am Geruch von einem Fuchsbau unterscheiden: Dort, wo Füchse wohnen, stinkt es bestialisch. Beim Dachs hingegen riecht es nach gar nichts.

Nachwuchs bei Familie Dachs

Im zeitigen Frühjahr bringt das Dachsweibchen drei bis fünf Junge in der Wurfhöhle zur Welt. In den Gängen vor der Wurfhöhle wacht das Männchen, damit keine feindlichen Tiere zu den hilflosen Jungen dringen können. Zuerst werden sie von der Mutter gesäugt, später fressen sie Würmer und andere weiche Kost. Im Herbst sind die Jungen dann selbstständig. Die jungen Männchen verlassen nun den elterlichen Bau und suchen sich eine neue Burg, die Weibchen bleiben meist bei den Eltern.

Winterruhe

Im Herbst fressen sich die Dachse eine dicke Speckschicht für den Winter an und können nun doppelt so schwer sein wie im Frühjahr. In der kalten Jahreszeit verlassen Dachse ihren Bau nämlich nicht. Dann ruhen sie und zehren von den im Herbst angefutterten Reserven.

Der Baummarder

Auf einen Blick

Größe und Gewicht: : etwa so groß und so schwer wie eine Katze
Nahrung: Eichhörnchen, Mäuse, Vögel, Eier, Früchte, Nüsse, größere Insekten
Typisch: Klettert hervorragend in den Bäumen; kann bis zu 4 m weit von Baum zu Baum springen, ist ein Einzelgänger

Den Tag verschläft der katzengroße Baummarder am liebsten in einer verlassenen Baumhöhle, einem leer stehenden Eichhörnchenkobel oder einem Greifvogelnest. Meist verlässt er erst bei Dämmerungsbeginn sein Versteck und wird munter. Dann streift er kilometerweit auf Nahrungssuche in den Bäumen umher. Um sich wohl zu fühlen, braucht der Baummarder große, zusammenhängende Waldgebiete.

Er mag Eichhörnchen

Der Baummarder ist der größte Feind des Eichhörnchens. Vielleicht ist das auch der Grund dafür, dass das Eichhörnchen meist tagsüber aktiv ist und sich nachts in seinen Kobel zurückzieht. Hat der Marder dennoch eines entdeckt, so verfolgt er es geschickt bis in die höchsten Baumwipfel. Oft kann sich das Eichhörnchen dann nur noch durch einen gewagten Sprung aus bis zu 25 m Höhe auf den Erdboden retten. Solch einen Sprung wagt der Baummarder dann doch nicht.

SCHON GEWUSST?

Baummarder und Steinmarder

Der nah verwandte Steinmarder (siehe Seite 28) sieht dem Baummarder sehr ähnlich. Die beiden unterscheiden sich am meisten durch den Lebensraum, in dem sie vorkommen. Während der Steinmarder in menschlichen Siedlungen zu Hause ist, kommt der scheue Baummarder nur in unseren Wäldern vor. Auch bewegt sich der Steinmarder fast nur auf dem Erdboden, während der kletterfreudige Baummarder auf den Bäumen lebt. So kommen sich die beiden ähnlichen Raubtiere bei der Suche nach Nahrung nicht in die Quere – ein toller Schachzug der Natur!

FINNs TIPP!

Einen Baummarder beobachten

Baummarder sind sehr scheu. Weil sie zudem jede Nacht große Strecken in ihrem Revier zurücklegen, wirst du nur schwerlich einem Baummarder im Wald begegnen. Auch die meisten Zoos halten diese Tiere nicht, denn sie können ihnen nicht genügend Platz anbieten. Anders das Otter-Zentrum in Hankensbüttel (Deutschland) – dort kannst du Baummarder live erleben.

Mehr Informationen findest du auf der Internetseite **www.otterzentrum.de/front_content.php**.

Auf einen Blick

Größe und Gewicht: etwa so groß und so schwer wie ein Rotfuchs
Nahrung: Beeren, Früchte, Samen, Wurzeln, Knollen, Insekten, Eier, Fische, Krebstiere, Schnecken, auch Aas
Typisch: schwarzer Streifen im Gesicht, schwarz-geringelter Schwanz; lebt in Wäldern; hat ein ausgezeichnetes Gedächtnis für gute Futterplätze

Der Waschbär

Vor 100 Jahren gab es bei uns Waschbären höchstens in Zoos oder Pelztierfarmen. Manche dieser Tiere entkamen. Im Jahr 1934 wurden zum ersten Mal Waschbären rund um den Edersee in Hessen angesiedelt. Seitdem breitet sich der aus Nordamerika stammende Kleinbär von dort in ganz Mitteleuropa aus. Waschbären ruhen tagsüber in verlassenen Fuchs- oder Dachsbauen, Felsklüften oder hohlen Bäumen. Erst wenn die Dämmerung einbricht, werden sie wach.

Der Waschbär kann hervorragend klettern und schwimmen. Da er alles frisst, was er auf seinen nächtlichen Wanderungen findet, hat er mittlerweile auch viele Städte erobert. Dort sucht er in Abfallkörben und auf Müllhalden nach Fressbarem. Waschbären haben nämlich ein ausgezeichnetes Gedächtnis und erinnern sich immer wieder daran, wo es viel zu fressen gab. Im Dunkeln finden sie ihre Nahrung hauptsächlich mit den „Händen“. Weil der Waschbär auch im Wasser nach Krebsen und Fischen tastet, meinten die Menschen lange Zeit, er würde seine Nahrung waschen und gaben ihm daher seinen Namen.

Nicht füttern!

In ihrer nordamerikanischen Heimat haben die Waschbären in vielen Gebieten ihre natürliche Scheu verloren. Dort werden sie oft an Rastplätzen sehr lästig, weil sie förmlich das Essen vom Teller weg klauen. Wenn es rund um dein Zuhause auch Waschbären gibt, solltest du sie nicht füttern. Sie finden genügend Nahrung im menschlichen Umfeld.

Waschbär im Winter

An kalten Wintertagen bleiben Waschbären in ihrem Versteck. Dann können sie mehrere Wochen lang ruhen und zehren von ihren angefutterten Fettpolstern. Ist das Wetter im Winter aber warm, so streifen sie auch dann bei Dunkelheit auf der Suche nach Futter umher.

SCHON GEWUSST?

Was ist ein Marderhund?

Nachts ist bei uns noch ein anderer Neubürger unterwegs – der fuchsgroße Marderhund. Er sieht dem Waschbären sehr ähnlich, besitzt aber keinen geringelten Schwanz. Der aus Asien stammende Marderhund gehört zu der Gruppe der Hundeartigen. Er wurde nicht ausgesetzt, sondern ist von Osten her bei uns eingewandert. Auch er ist nur bei Dunkelheit unterwegs und sammelt Würmer, Schnecken, Insekten, Eier, Früchte und Aas. Tagsüber ruht der Marderhund in verlassenen Fuchs- und Dachsbauen.

Das Wildschwein

Auf einen Blick

Größe und Gewicht: bis zu 1,8 m lang, bis zu 350 kg schwer
Nahrung: Wurzeln, Pilze, Kräuter, Eicheln, Nüsse, Aas, Insektenlarven, Schnecken, Würmer, Mäuse
Typisch: lebt in Laub- und Mischwäldern; männliche Tiere leben meist als Einzelgänger, Weibchen und Jungtiere in größeren Gruppen

Meist sind Wildschweine nachts unterwegs – doch manchmal ziehen sie auch bei Tag auf der Suche nach Nahrung umher. Wo sich Wildschweine aufgehalten haben, findest du ihre Spuren: Weg- und Straßenränder, ganze Wiesen und auch Felder sind wie mit Bulldozern durchwühlt. So können hungrige Wildschweine, die den Boden nach Wurzeln, Pilzen und Insekten mit ihrer Schnauze umgraben, große Schäden anrichten.

Scheue Tiere

Wildschweine sind sehr scheu – zum Glück. Da sie nämlich sehr kräftige Tiere sind, die ohne Probleme aus dem Stand einen über 1 m hohen Zaun überspringen können, solltest du dich besonders von Bachen mit Jungtieren fern halten. Wenn sie sich bedroht fühlen, greifen die Tiere ohne Vorwarnung an.

Mit Bad und Klo

Anders als ihr Ruf sind Schweine reinliche Tiere, so auch die Wildschweine, von denen unser Hausschwein abstammt. Sie hinterlassen ihren Kot nicht an ihrer Schlafstätte, sondern benutzen dazu einen festen Platz rund um ihr Lager als Klo. Und hin und wieder gibt es einen Badetag: Dann nehmen die Tiere an schlammigen Stellen ein Schlammbad. Wenn der Schlamm getrocknet ist, reiben sie ihr Fell an einem Baumstamm ab, dessen Rinde in etwa 80 cm Höhe bald abgescheuert oder voller Schlammreste ist. So werden sie ganz leicht alte Hautschuppen, lose Haare und lästige Parasiten los.

SCHON GEWUSST?

Ein bisschen Wildschwein-Latein

Bei den Wildschweinen haben die einzelnen Tiere merkwürdige Namen. Diese lauten so:
Weibchen = Bache
Männchen = Keiler
Jungtier = Frischling
Jugendlicher = Überläufer
Wildschweingruppe = Rotte

Nachwuchs bei den Wildschweinen

Im Frühjahr baut die Bache ein großes Nest in einer Erdmulde. Dort bringt sie ihre vier bis zwölf Jungen zur Welt. Die längsgestreiften Frischlinge sind rasch fit und unternehmen nach wenigen Tagen erste Ausflüge in die Umgebung. Wie in einem Kindergarten passt dann oft eine Tante auf viele Junge verschiedener Mütter auf.

FINNs TIPP!

Wildschweinspuren bestimmen leicht gemacht

An feuchten, weichen Stellen kannst du die typischen Fußspuren der Wildschweine entdecken: Der Abdruck eines „Fußes“ besteht aus zwei großen Schalen (so heißen die von Horn umgebenen Zehen) und hinten seitlich zwei kleinere Schalen.

Der Rothirsch

Auf einen Blick

Größe und Gewicht: bis zu 2,5 m lang, bis zu 250 kg schwer
Nahrung: Kräuter, Blätter, Triebe, Eicheln, Nüsse, im Winter auch Rinde
Typisch: Männchen tragen ein mächtiges Stangengeweih, Weibchen sind geweihlos

Dieses stattliche Tier schafft gleich mehrere Rekorde: Der Rothirsch ist der größte aller Hirsche dieser Erde und, nachdem es bei uns keine Braunbären mehr gibt, das größte Tier in unseren heimischen Wäldern. Daher wird der Rothirsch auch der König der Wälder genannt.

Das Hirschgeweih

Am auffälligsten ist das große Stangengeweih, das die Männchen tragen. Im Spätwinter werfen sie die beiden jeweils bis zu 7 kg schweren Geweihstangen ab. Dann wächst ihnen langsam ein neues Geweih, das zunächst mit einer weichen Haut, dem Bast, umgeben ist. An den Baumstämmen reiben die Hirsche diese Haut ab, bis der blanke Knochen erscheint. Jedes Jahr verzweigt sich das Geweih mehr, bis es im Alter von 10-15 Jahren am prächtigsten ist. Danach wird das Geweih alternder Hirschmännchen kleiner und leichter.

FINNs TIPP!

Lautes Röhren im herbstlichen Wald

Ab Ende September beginnt für die Rothirsche die Paarungszeit. Dann treffen sich alljährlich die Männchen und Weibchen an denselben Plätzen im Wald. Nun ertönt bei Dunkelheit das laute Röhren der Männchen, die so auf sich aufmerksam machen. Wenn du das miterleben willst, besuche in der Abenddämmerung einen Wildpark, in dem Rothirsche gehalten werden. Wo es solche Wildparks gibt, erfährst du auf der Internetseite **www.zoo-infos.de**. Nimm ein Fernglas mit!

Ständig auf Wanderschaft

Rothirsche wandern viel umher. In der Morgen- und Abenddämmerung ziehen die Tiere woanders hin, um stets ausreichend Nahrung zu finden. Auch halten sich die Hirsche im Winter in anderen Gebieten auf als im Sommer. Bis zu 20 kg Pflanzen frisst ein Hirsch jeden Tag. Dazu braucht er rund 10 Stunden, weitere 4-6 Stunden ist er mit dem Wiederkäuen der Nahrung beschäftigt.

Damhirsche

In manchen Wildgehegen werden keine Rothirsche, sondern nur die weiß getupften Damhirsche mit dem schaufelförmigen Geweih gehalten. Diese friedlichen Hirsche sind deutlich kleiner als die Rothirsche. Sie stammen aus Kleinasien und wurden im Mittelalter bei uns eingebürgert. Auch sie ruhen meist am Tag und gehen erst mit einsetzender Dämmerung auf Nahrungssuche.

Das Reh

Auf einen Blick

Größe und Gewicht: bis zu 1,4 m lang, bis zu 35 kg schwer
Nahrung: Kräuter, Blätter, Triebe, Eicheln, Bucheckern, Samen
Typisch: Männchen trägt kleine Geweihstangen, Weibchen geweihlos; im Sommer rotbraunes Fell, im Winter graubraun

Tagsüber merkst du kaum, dass allein in Deutschland rund zwei Millionen Rehe leben. Denn dann verstecken sich die Tiere in dichtem Gebüsch. Erst in der Abenddämmerung verlassen sie den schützenden Unterstand und begeben sich auf Nahrungssuche. Nur im Winter kannst du hin und wieder auch bei Tag Rehe auf waldnahen Wiesen und Feldern entdecken.

Vom Herbst bis zum Frühjahr leben männliche und weibliche Rehe zusammen. Männliche Tiere heißen Böcke, weibliche Ricken und die Jungtiere Kitze. Im Frühjahr lösen sich diese Gruppen auf. Dann besetzt jeder Bock ein Revier, aus dem er jeden anderen Bock vertreibt. Besondere Markierungen mit dem Duft der Stirndrüse, frei gescharrten Stellen und blank geschabten Zweigen zeigen jedem Rivalen die Grenzen des besetzten Territoriums.

SCHON GEWUSST?

Reh ist nicht gleich Hirsch

Immer noch geistert der Irrtum herum, das Reh sei die Frau vom Hirsch. Das ist nicht so, denn das Reh ist eine eigenständige Tierart!

FINNs TIPP!

Wilde Paarungszeit

Ab August beginnt bei den Rehen die Paarungszeit. Dann sind die Tiere auch tagsüber aktiv. Mit viel Glück kannst du beobachten, wie das Männchen ein Weibchen über längere Zeit verfolgt, bis dieses bereit für die Paarung ist.

Süßes Rehkitz

Nicht erst seit dem Bambi-Film finden wir die kleinen Rehkitze mit dem hübschen Tupfenkleid einfach süß. Rehkitze kommen im Frühjahr zur Welt. Schon bald lässt die Mutter ihr Junges allein in einem schützenden Gebüsch oder in hohem Gras zurück, wenn sie auf Nahrungssuche geht. Damit das Kitz nicht vom Fuchs gefunden wird, ist es völlig geruchlos. Droht dennoch Gefahr, versteckt sich das Kitz und wird so meistens nicht gefunden. Entdeckst du ein scheinbar verlassenes Rehkitz, so entferne dich von ihm. Die Mutter kommt nämlich erst wieder zu ihrem Jungen und füttert es, wenn du weg bist.

Spiegel am Po

Sicherlich ist dir auch schon einmal aufgefallen, dass Rehe am Po einen weißen Fleck tragen. Dieser sogenannte Spiegel fällt besonders auf, wenn ein Reh seinen kurzen Schwanz hebt. Vermutlich funktioniert dieser weiße Fleck wie das Rücklicht an einem Auto: Er leuchtet in der Dunkelheit. Dann können sich die Tiere im vor einer Gefahr fliehenden Rudel nicht so leicht verlieren und bleiben zusammen. Dadurch erhöhen sie ihre Überlebenschancen, denn einzeln lebende Rehe werden leichter zum Opfer von Raubtieren.

Eulen im Wald

Tagsüber jagen Sperber, Habicht und Mäusebussard kleine Beutetiere, bei Dunkelheit hingegen sind andere geflügelte Räuber unterwegs: die Eulen. Die häufigste heimische Eule ist der Waldkauz, der in Wäldern, aber auch in Parks und auf Friedhöfen lebt. Die etwas kleinere, viel schlankere Waldohreule erkennst du an den typischen Federohren, die sie aufstellen und anlegen kann. Eulen sind hervorragende Jäger, die dank besonders gebauter Federn lautlos fliegen können.

SCHON GEWUSST?

Hören Eulen mit Federohren besonders gut?

Nicht nur die Waldohreule, sondern rund die Hälfte der heimischen Eulenarten besitzt Federohren. Diese bestehen aus vier bis acht verlängerten Kopffedern, haben aber mit dem Gehör nichts zu tun. Wozu sie genau dienen, wissen wir noch nicht – vielleicht wirst du ja Eulenforscher und findest es heraus.

Auf einen Blick

Größe und Gewicht: bis zu 42 cm lang, Flügelspannweite bis zu 1,05 m
Nahrung: Mäuse, kleine Vögel, Frösche
Typisch: kräftige Eule mit großem, rundem Kopf, keine Federohren

Der Waldkauz

Du kennst die schaurigen „Huuu-huhu-hu-huh"-Rufe des Waldkauzes vielleicht aus einem Gruselfilm. Im Winter kannst du sie oft auch tagsüber hören, weil der Waldkauz dann mit seinen Rufen sein Brutrevier markiert. Das Weibchen antwortet dann oft mit „Kuwitt". Es legt seine bis zu fünf Eier am liebsten in eine verlassene Spechthöhle, brütet aber auch in Nistkästen, verlassenen Krähennestern oder sogar auf Dachböden. Seine Beute jagt der Waldkauz mit verschiedenen Jagdtechniken: Am liebsten lauert er auf seine Beute von einer erhöhten Stelle aus und überrascht sie dann im kurzen Flug. Der Waldkauz fliegt aber auch auf Beutesuche umher oder plündert Vogelnester.

FINNs TIPP!

Einen Waldkauz entdecken

Dafür hast du die besten Chancen am Waldrand oder in einer städtischen Grünanlage in einer klaren Winternacht bei Vollmond. Versuche die typischen „Huuu-huhu-hu-huh"-Rufe nachzuahmen. Mit etwas Glück lockst du so ein Männchen an, das sich dir aber je nach Eulenart lautlos nähert. Auch tagsüber kannst du einen Waldkauz entdecken. Beobachtest du wild umherfliegende und lauthals schimpfende Singvögel, ist eventuell ein Waldkauz in der Nähe. Er ruht sich nämlich gern auf einem Ast aus, was die Vögel stört.

Auf einen Blick

Größe: bis zu 40 cm lang, Flügelspannweite bis zu 1 m
Nahrung: fast nur Feldmäuse
Typisch: sehr schlanke Eule mit langen Federohren und orangefarbenen Augen

Die Waldohreule

Die Waldohreule zieht ihre Jungen in einem verlassenen Krähen-, Elstern- oder Greifvogelnest oder in einem Eichhörnchenkobel heran. Am liebsten brütet sie am Waldrand und nicht mitten im Wald – vielleicht weil es dort und in den angrenzenden Feldern mehr Mäuse gibt. Die Waldohreule ist so sehr auf ausreichend Mäusebeute angewiesen, dass sie in Jahren mit nur wenigen Mäusen gar nicht brütet. Möchtest du den Waldohreulen helfen und wohnst in Waldnähe, kannst du in einem hohen Baum einen etwa 40 cm großen Nistkorb aus Weiden absturzsicher aufhängen.

FINNs TIPP!

Eine Waldohreule entdecken

Im Winter ziehen Waldohreulen gerne auch in menschliche Siedlungen. Dort erbeuten sie Singvögel, insbesondere rund um die Futterplätze, und können so auch harte Kältezeiten überleben. Tagsüber ruhen sie oft dann zu mehreren in den Bäumen.

Was hat die Eule gefressen?

Dort, wo du eine ruhende Eule gesehen hast, solltest du am Boden nach Gewölle suchen. Diese sehen wie verfilzte Eier aus. Weil Eulen wie viele andere große Vögel Knochen, Haare, Federn und andere Hartteile ihrer Beute weder zerkauen noch verdauen können, speien sie diese unverdaulichen Reste in einem eiförmigen Gewölle aus. Die trockenen Gewölle kannst du vorsichtig mit einer Pinzette zerlegen und erfährst so, was auf dem Speiseplan dieser Eule stand.

SCHON GEWUSST?

Eulen-Rekorde

Der heimische Uhu ist die größte Eule der Erde. Ihre ausgebreiteten Flügel messen fast 2 m. Der Uhu lebt nicht im Wald, sondern in den Bergen. Dort brütet er in steilen Felshängen, gelegentlich auch in verlassenen Greifvogelhorsten. Im Herbst und Spätwinter kannst du dort nachts die typischen „Uhu"-Rufe hören, die dieser Eule ihren Namen gegeben hat. Der Uhu war bei uns schon fast ausgerottet. Dank strenger Schutzbestimmungen und den Bemühungen vieler Naturfreunde gibt es heute aber wieder mehr Uhus.

Andere Eulenarten bei uns

Neben den häufigen Eulenarten Waldkauz und Waldohreule leben bei uns noch andere Eulen:

Habichtskauz: in Bergwäldern
Raufußkauz: in Wäldern mit vielen alten Bäumen
Schleiereule: in offenen Kulturlandschaften (Garten, Wiese, Stadt und Dorf)
Sperlingskauz: im gebirgigen Nadelwald (diese Eule ist nur so groß wie ein Spatz!)
Steinkauz: in waldfreien Ebenen
Sumpfohreule: in Moor-, Heide- und Sumpflandschaften

Der Ziegenmelker

Auf einen Blick

Größe und Gewicht: etwa so groß und so schwer wie eine Amsel
Nahrung: erbeutet Nachtfalter, Stechmücken, Fliegen, Käfer und andere fliegende Insekten
Typisch: lebt meist allein; im Sommer schlüpfen die beiden Jungen, die schon recht bald das Nest verlassen und sich in der näheren Umgebung verstecken

Der amselgroße Vogel mit den langen, schmalen Flügeln hat dort, wo er vorkommt, viele Namen: Er wird auch Geißmelker, Ziegen- oder Milchsauger genannt. Diese Namen gehen auf einen irrtümlichen Glauben von früher zurück: Weil die Menschen diesen Vogel nachts bei Ziegen beobachteten, dachten sie, er würde die Ziegen melken und ihre Milch trinken. Das ist Quatsch. Der Ziegenmelker ist nur deshalb manchmal bei diesen Haustieren, weil dort auch viele Fliegen und Mücken sind, von denen er sich ernährt.

Das braune Gefieder des Ziegenmelkers ist wie die Rinde eines Baumes gemustert. Dadurch ist dieser Vogel perfekt getarnt, wenn er am Waldboden ruht oder die Weibchen im Sommer ihre Eier in einer flachen Mulde am Erdboden ausbrüten. Ganz unkompliziert: Ziegenmelker bauen kein richtiges Nest. Sie polstern die Bodenmulde auch nicht mit weichem Moos oder ähnlichem Nistmaterial aus.

Ziegenmelker sind nur den Sommer über bei uns: Im September fliegen die Vögel nach Zentral- bis Südafrika, wo sie den Winter verbringen. Erst im April des folgenden Jahres kommen sie wieder zum Brüten zu uns zurück.

FINNs TIPP!

Einen Ziegenmelker entdecken

Der Ziegenmelker lebt in lichten Kiefernwäldern, aber auch in sandigen Heide- und Dünengebieten. Da er sehr versteckt lebt, ist es nicht so leicht, ihn zu entdecken. Am ehesten kannst du in Frühlingsnächten seinen lauten, schnurrenden Balzgesang hören, der minuten- oder sogar stundenlang durch die Dunkelheit tönt und ein wenig an die Geräusche eines kleinen Motorrads erinnert, das in größerer Entfernung fährt. Die singenden Männchen starten auch zu rasanten Schauflügen, bei denen sie ihre Flügel gegeneinander schlagen und knallende Töne erzeugen. So versuchen sie, die anwesenden Weibchen für sich zu gewinnen. Manchmal kannst du auch einen Ziegenmelker entdecken, wenn die weißen Flecken an seinen Flügeln im Scheinwerferlicht eines Autos aufblitzen.

Der Feuersalamander

Auf einen Blick

Größe: bis zu 20 cm lang
Nahrung: Schnecken, Asseln, Regenwürmer, Tausendfüßer, Spinnen, Insekten und deren Larven
Typisch: geht nachts auf Jagd und ruht tagsüber in einem Versteck; wird 10–15 Jahre alt

In den feuchten Laubwäldern, durch die sich ein Bach schlängelt, lebt der Feuersalamander. Tagsüber versteckt er sich unter Steinen und morschen Baumstümpfen. Erst am Abend verlässt er sein Quartier und begibt sich auf Nahrungssuche. Wenn es im Herbst kälter wird, zieht sich der Feuersalamander in ein frostsicheres Versteck zurück. Dort verbringt er den Winter in einer Art Kältestarre, bis er in warmen Frühlingsnächten wieder aktiv wird.

Der lackschwarze Feuersalamander mit den gelben Flecken oder Streifen gehört wie die tagaktiven Molche zur Gruppe der Schwanzlurche. Ihr typisches Kennzeichen ist der lange Schwanz, der beim Feuersalamander rund wie ein Bleistift ist. Froschlurche, zu denen die Frösche und Kröten gehören, hingegen haben keinen Schwanz. Der Feuersalamander legt keine Eier in ein Gewässer wie die anderen Lurche, sondern das Weibchen behält die Eier in ihrem Körper. Dort schlüpfen die kaulquappenähnlichen Larven. Erst wenn sie etwa 3,5 cm lang sind, legt die Mutter die Larven in kühle Gewässer im Wald ab. Dort entwickeln sie sich – je nach Nahrungsangebot und Temperatur – innerhalb von zwei Monaten oder sogar bis hin zu zwei Jahren zu erwachsenen Salamandern, die für immer das Wasser verlassen.

Warum ist der Feuersalamander gelb-schwarz?

Die gelb-schwarze Färbung ist eine Warntracht. Damit signalisiert der Feuersalamander Vögeln, Igeln und anderen Tiere, dass er giftig ist. In den Drüsen seiner Haut befindet sich ein starkes Gift, das heftig in den Augen und selbst in kleinsten Wunden brennt. Deshalb solltest du den feucht-kalten Körper eines Feuersalamanders besser nicht anfassen.

Einen Feuersalamander entdecken

Um einen Feuersalamander zu beobachten, musst du nicht unbedingt nachts im Wald unterwegs sein. An regnerischen Frühlings- oder Sommertagen, wenn es draußen so richtig nass-kühl ist, jagt er nämlich auch tagsüber. Dann kannst du, natürlich mit warmer Kleidung ausgestattet, eine Entdeckungstour zu den Bachläufen im Laubwald, einer Waldlichtung oder waldnahen Viehweiden machen: Mit etwas Glück entdeckst du dort einen Feuersalamander bei der Jagd.

Die Erdkröte

Auf einen Blick

Größe: bis zu 15 cm lang
Nahrung: Regenwürmer, Nacktschnecken, Spinnen, Insekten und deren Larven
Typisch: die größte heimische Kröte; Weibchen sind viel größer als Männchen

In unseren Wäldern ist die Erdkröte die häufigste Lurchart. Wie fast alle Lurche ist auch sie in der Dämmerung und bei Nacht aktiv. Erdkröten kommen nur zur Paarung und Eiablage zu einem Gewässer. Die meiste Zeit des Jahres verbringen sie im Wald. Tagsüber verstecken sie sich unter Steinen, in Erdhöhlen, in morschen Baumstümpfen und zwischen dem Wurzelwerk der Bäume. Dort verbringen sie auch die kalte Jahreszeit.

An regnerischen Abenden im März und April verlassen die Erdkröten ihre Winterverstecke und wandern zielstrebig zu dem Gewässer, in dem sie einst aus dem Ei geschlüpft sind. Schon auf der Wanderung suchen sich die kleineren Männchen ein Weibchen, klettern auf deren Rücken und lassen sich huckepack zum Gewässer tragen. Erst wenn das Weibchen seine rund 5.000 Eier in bis zu 5 m langen Schnüren ins Wasser abgelegt und das Männchen sie besamt hat, lässt er sie wieder los. Danach verlassen zunächst die Weibchen, bald darauf auch die Männchen das Gewässer.

Weitere nachtaktive Lurche entdecken

Im Wald leben neben den Erdkröten noch weitere nachtaktive Froschlurche, die du beobachten kannst: In kleinen, pflanzenreichen Waldtümpeln der Hügel- und Bergwälder leben die bis zu 5,5 cm langen Gelbbauch- und Rotbauchunken. Abends und nachts kannst du ihre melodischen „Uh-uh-uh"-Rufe hören. Folge den Rufen – vielleicht entdeckst du eine Unke, die mit aufgeblasenem Körper auf der Wasseroberfläche treibt. In der Nähe von Teichen, Bächen und Wassergräben ist die kleine Geburtshelferkröte zu Hause. Ihre nächtlichen Paarungsrufe, die du im Frühjahr hören kannst, klingen wie Kirchenglocken aus der Ferne. Deshalb hat dieser Lurch auch den Namen „Glockenfrosch" bekommen.

FINNs TIPP!

Lust, einmal Krötentaxi zu sein?

Auf ihrer oft kilometerlangen Wanderung zum Laichgewässer müssen Erdkröten auch gefährliche Straßen überqueren. Dabei werden viele von ihnen von Autos überfahren. Um das zu verhindern, stellen Naturschützer an den Straßenrändern Krötenzäune auf und leiten die Tiere auf sicheren Wegen über die Straße. Manchmal führt der unüberwindbare Krötenzaun zu einem kleinen Krötentunnel, der unter der Straße hindurchführt. An anderen Stellen endet die Wanderung der Tiere in einem aufgestellten Fangeimer. Dann bringen Helfer die Kröten täglich auf die andere Straßenseite. Wenn du auch einmal Krötentaxi sein möchtest, erkundige dich bei einem örtlichen Naturschutzverband oder im Internet unter www.amphibienschutz.de nach einem Zaun in deiner Nähe. Lass dir das nicht entgehen – als Krötentaxifahrer kannst du die Tiere betrachten, anfassen und hautnah erleben.

Nachtaktive Haus- und Zootiere

Die heimischen Tiere, die in Wiese, Feld, Wald und Garten leben, sind wild. Auch im Zoo leben wilde Tiere: Früher wurden sie in ihrer afrikanischen, asiatischen oder amerikanischen Heimat gefangen.

Heute stammen fast alle Zootiere aus anderen Zoos. Sowohl unter den Haus- als auch unter den Zootieren gibt es nachtaktive Tiere. Lerne ein paar dieser Nachttiere kennen.

Im Zoo

Früher wurden die wilden Tiere im Zoo wie Gefangene gehalten. Die Menschen bestaunten Elefanten, Löwen, Giraffen und Orang-Utans, die sie noch nie zuvor gesehen hatten. In einem modernen Zoo werden die Tiere nicht mehr wie Objekte ausgestellt. Sie leben in Gehegen und Anlagen, die ihren natürlichen Bedürfnissen entsprechen. Löwen und Leoparden ruhen auch in ihrer Heimat fast den ganzen Tag und bewegen sich kaum – daher sind ihre Gehege meist nicht so groß. Schimpansen, Gorillas und Bären brauchen viel Beschäftigung: Deshalb gibt es in ihren Gehegen viele Möglichkeiten zum Klettern, Hangeln, Spielen – und die Pfleger verstecken einen Teil des Futters, damit sie es suchen müssen.

SCHON GEWUSST?

Auf der ganzen Welt sterben derzeit sehr viele Tiere aus, weil sie verfolgt werden oder weil Menschen ihre Lebensräume zerstören. Im Zoo können viele Tiere überleben – und immer wieder gelingt es auch, einige Tiere wieder aus dem Zoo in ihre Heimat auszusiedeln.

Die Hauskatze

Vielleicht wunderst du dich, warum in diesem Buch eine Hauskatze vorkommt: Ganz einfach, auch sie ist ein nachtaktives Tier. Da sie zusammen mit den Menschen lebt, kannst du sie gut beobachten und so ihre nächtliche Lebensweise kennenlernen.

Die Vorfahren der Hauskatze

Unsere Hauskatze stammt von der Nubischen Falbkatze ab, die wie eine große, getigerte Hauskatze mit sehr langen, schlanken Beinen aussieht. Diese Katzenart lebt in fast ganz Afrika, nur in den Regenwäldern und Bergen kommt sie nicht vor. Wie unsere Hauskatzen wird auch die Nubische Falbkatze erst geraume Zeit nach Sonnenuntergang munter und jagt kleine Nagetiere, junge Vögel, Echsen und große Heuschrecken. Von ihr haben unsere Katzen nicht nur die nächtliche Lebensweise, sondern auch das ungesellige Leben als Einzelgänger geerbt. Erst zur Pharaonenzeit vor 4.000 Jahren wurde die Katze in Ägypten zum Haustier.

Bildquelle:.wikipedia.org/Falbkatze

Falbkatze

Das Tapetum lucidum

Wenn du im Dunkeln kaum mehr etwas erkennen kannst, sieht die Katze noch sehr gut. Das liegt an dem besonderen Aufbau ihrer Augen. Auf dem Augenhintergrund befindet sich eine Schicht lichtreflektierender Kristalle, die eine Art Spiegel bilden. Biologen nennen diese besondere Schicht Tapetum lucidum, auf Deutsch: leuchtender Teppich. An dieser Schicht wird das einfallende Licht zurückgestrahlt, sodass es zwei Mal die lichtempfindlichen Sehzellen der Netzhaut anregt. Wegen dieses „leuchtenden Teppichs" leuchten auch die Augen im Scheinwerferlicht auf.
Übrigens: Nicht nur Katzen besitzen eine solche Spiegelschicht, sondern auch Hunde, Füchse, Pferde, Rinder und viele andere Säugetiere.

FINNs  TIPP!

Eine Katze bei der Jagd beobachten

Eine Hauskatze jagt ihre Beute, das sind meist Mäuse, auf dieselbe Weise wie viele andere wilde Kleinkatzen. Auch wenn du mit deiner Katze spielst, kannst du ihre Jagdstrategie beobachten: Langsam und lautlos schleicht sich die Katze an ihr Opfer heran und nutzt dabei jedes Hindernis als Deckung. Dabei hat sie die Beute fest im Blick. Schließlich hat sie sich der Beute bis auf Sprungweite genähert. Sie drückt ihre Hinterpfoten fest in den Boden und springt plötzlich los: Das ahnungslose Opfer hat keine Chance zu fliehen, denn mit einem Satz hat es die Katze mit den scharfen Krallen ihrer Vorderpfoten erwischt. Dann tötet sie es mit einem kräftigen Biss in den Nacken.

Der Goldhamster

Der Goldhamster, ein Nagetier, gehört zu den Haustieren, die nachts aktiv sind. Hast du eine Katze oder einen Hund, verzichte lieber auf den kleinen Nager – ihn stresst es sehr, wenn er einen dieser Fleischfresser sieht. Goldhamster legen jede Nacht auf der Suche nach Nahrung etliche Kilometer zurück.

Mit einem Laufrad sorgst du für ausreichend Bewegung. Stoppe einmal die Zeiten, in denen dein Goldhamster wach ist oder ruht: Selbst mitten in der Nacht zieht er sich hin und wieder zum Ausruhen in sein Häuschen zurück – das machen auch wild lebende Nachttiere. Bei uns lebt ein Verwandter des Goldhamsters – der größere Feldhamster. Auch er ist nachts unterwegs. Er sammelt Körner, Samen, Nüsse und andere Nahrung in seinen Backentaschen und bringt sie als Vorrat in seinen unterirdischen Bau.

Der Gecko

Im Urlaub am Mittelmeer

Diese harmlose Echse ist zwar kein Haustier, in den warmen Ländern des Mittelmeerraumes aber kommt sie fast in jedem Haus vor.

Vor dem bis zu 20 cm langen Mauergecko musst du dich nicht fürchten, wenn er abends an den Wänden deiner Urlaubsunterkunft sitzt: Er frisst nur Insekten, sogar die lästigen Stechmücken.

Das Nachttierhaus im Zoo

In einem Zoo leben viele verschiedene Tiere aus aller Welt, die du aber nur tagsüber während der Öffnungszeiten besuchen kannst. Eigentlich schade: Dann schlafen die nachtaktiven Tiere in ihren Nestern oder Verstecken. Damit du sie trotzdem live erleben kannst, gibt es in etlichen Zoos ein Nachttierhaus.

In einem Nachttierhaus gibt es keine Fenster und Glasscheiben. Dort ist es tagsüber dunkel. Morgens, wenn der Zoo öffnet, geht das Licht aus und für die Tiere beginnt die Nacht. Dann werden die Nachttiere munter. Abends geht das Licht wieder an und es herrscht Tag. Nun ziehen sich die nachtaktiven Tiere zum Schlafen zurück. Die Tiere leben also in einem künstlichen Tag-Nacht-Rhythmus, an den sie sich bestens angepasst haben. Doch wundere dich nicht, wenn du in manchen Anlagen oder Gehegen trotzdem kein Tier siehst: So wie tagaktive Tiere auch tagsüber hin und wieder schlafen, so ruhen auch nachtaktive Tiere von Zeit zu Zeit bei Nacht.

SCHON GEWUSST?

Zuerst siehst du nur Schwarz

Wenn du vom helllichten Tag in das dunkle Nachttierhaus gehst, siehst du nur Schwarz. Deine Augen müssen sich nämlich erst an die Dunkelheit gewöhnen. Dafür brauchen sie etwa 10 Minuten. Allmählich siehst du immer mehr – und wenn du eine Weile im Nachttierhaus warst, erkennst du die Tiere, Pflanzen und Ausstattungen der Gehege deutlich wie in einer Vollmondnacht.

Heimische Nachttiere im Zoo

In vielen Zoos und Safariparks werden auch etliche heimische Nachttiere gehalten. Besonders eindrucksvoll sind Wölfe, die früher auch bei uns vorkamen. Sie leben in einem Rudel und ziehen die Jungen gemeinsam heran. Tagsüber ruhen sie, erst nachts gehen sie auf die Jagd. Bis zu 50 km ziehen die Tiere jede Nacht umher. Wölfe heulen, um den Zusammenhalt in ihrer Gruppe zu stärken. Vom Wolf stammen übrigens auch alle Haushunde ab.

FINNs TIPP!

Zootier-Uhr

Tier	Uhrzeit im Zoo	Uhrzeit für das Tier
Erdferkel (Ostafrika)	09.30 Uhr	19.30 Uhr
Eulenschwalm (Australien)	10.00 Uhr	20.00 Uhr
Faultier (Brasilien)	10.30 Uhr	20.30 Uhr
Fennek (Tunesien)	11.00 Uhr	21.00 Uhr
Flughund (Westafrika)	12.00 Uhr	22.00 Uhr
Galago (Zentralafrika)	12.30 Uhr	22.30 Uhr
Kiwi (Australien)	13.00 Uhr	23.00 Uhr
Mausmaki (Madagaskar)	14.00 Uhr	00.00 Uhr
Springhase (Südafrika)	17.30 Uhr	03.30 Uhr

Nachttiere aus Afrika

In den Anlagen eines Nachttierhauses leben die Tiere zusammen, die sich miteinander vertragen. In der afrikanischen Savanne etwa sind Springhasen und Erdferkel beheimatet. Das rundliche Erdferkel mit den tütenförmigen Ohren und dem schweineähnlichen Rüssel ruht tagsüber in einem selbst gegrabenen Erdbau. Nachts gräbt es mit seinen hufartigen Klauen die betonharten Termitenhügel auf und angelt die Termiten mit seiner klebrigen Zunge. Während sich das Erdferkel im Dunkeln auf sein ausgezeichnetes Gehör und die gute Nase verlässt, besitzt der Springhase große, leistungsstarke Augen. Er kann wie ein Minikänguru hüpfen und gräbt mit den kurzen Vorderpfoten Knollen und Wurzeln aus dem Boden.

SCHON GEWUSST?

Erdferkel sind gar keine Schweine

Trotz des „Schweinerüssels" ist das Erdferkel kein Schwein, sondern ein sehr altertümliches Tier. Es ist das letzte lebende Urhuftier der Erde – alle anderen Arten aus dieser Gruppe sind schon sehr lange ausgestorben.

Flughunde

In der Flughund-Anlage ist viel los: Die größeren Verwandten unserer heimischen Fledermäuse hängen nicht bloß kopfüber in den Bäumen. Sie hangeln von Ast zu Ast, fliegen auf, drehen eine Runde und landen laut kreischend bei einem Artgenossen. Flughunde erbeuten keine Insekten, sondern ernähren sich von Früchten.

FINNs TIPP!

Schau genau hin!

Wenn in einem Nachttierhaus die kleinen Fledermäuse gehalten werden, musst du sie unbedingt genau beobachten. Bevor die kopfüber hängenden Tiere losfliegen, drehen sie einmal ihren Kopf in alle Richtungen. Dabei senden sie für deine Ohren nicht hörbare Ultraschall-Laute aus und bekommen von dem zurückfallenden Echo ein deutliches Hörbild von ihrer Umgebung. So wissen sie genau, wo die Wände, Äste und die möglichen Beutetiere sind. Die viel größeren Flughunde hingegen haben große Augen, mit denen sie sich im Dunkeln orientieren.

Affen und Halbaffen

Viele Affen und Halbaffen sind nachtaktiv. Halbaffen mit den großen Augen werden auch Lemuren genannt und kommen nur auf Madagaskar vor. Das nur mausgroße Mausmaki ist eine der kleinsten Halbaffenarten. Es bringt seine Jungen in Baumhöhlen zur Welt. Der Koboldmaki kann wie eine Eule seinen Kopf in beide Richtungen um 180 Grad drehen. Mit ihren spitzen Ohren und der Schnauze sehen die verschiedenen afrikanischen Galagosarten wie Katzen aus. Dass sie zu den Affen gehören, erkennst du auch an den Greifhänden, mit denen sie perfekt in den Bäumen klettern können. Bis zu 12 m weit springen sie von Ast zu Ast. Weil sie wie ein Baby schreien, heißen sie auch Buschbabys. Loris sind in Asien zu Hause: Wie ein südamerikanisches Faultier, das du auch in manchen Zoos beobachten kannst, bewegen sie sich nachts ganz langsam in den Bäumen. So tarnen sie sich vor räuberischen Feinden.

Lemur

Nachttiere der Wüste

In der Wüste Sahara lebt der kleine Bruder unseres Rotfuchses, der Fennek. Wie die meisten Wüstentiere ist auch der Wüstenfuchs nacht-aktiv, weil es tagsüber viel zu heiß ist. Seine bis zu 15 cm langen Ohren sind viel größer als die unseres Fuchses, denn an den dünnen Hautflächen kann die Wärme seines Körpers abstrahlen. So kühlt er sich etwas in der trocken-heißen Wüste. Fenneks verbringen die heiße Tageszeit in ihrem unterirdischen Bau. Ganz schön clever: Droht bei seinen nächtlichen Streifzügen Gefahr, so gräbt er sich sofort in den lockeren Wüstensand ein.

FINNs  TIPP!

Zoos mit Nachttierhäusern

Im Frankfurter gibt es das größte Nachttierhaus Europas. Dort leben über 40 verschiedene Nachttierarten. Auch in den Zoos in Stuttgart und Berlin kannst du tagsüber verschiedene nachtaktive Tiere erleben.

Berlin
Zoologischer Garten Berlin AG
Hardenbergplatz 8 in Berlin Mitte
(Tiergarten)
10787 Berlin
Telefon: +49 (0)30 / 25 40 1-0
Internet: www.zoo-berlin.de

Frankfurt
Zoologischer Garten Frankfurt
Bernhard-Grzimek-Allee 1
60316 Frankfurt am Main
Telefon: +49 (0)69 / 212 337 35
Internet: www.zoo-frankfurt.de

Stuttgart
Wilhelma – Der zoologisch-botanische Garten Stuttgart
Wilhelma 13
70376 Stuttgart
Telefon: +49 (0)711 / 54 02-0
Internet: www.wilhelma.de

Schwerin
Zoologischer Garten Schwerin GmbH
Waldschulweg 1
19061 Schwerin
Telefon: +49 (0)385 - 39551-0
Internet: www.zoo-schwerin.de

Kiwis aus Australien

Diese Bodenvögel, die du in vielen Nachttierhäusern beobachten kannst, sind sehr ungewöhnlich. Ihre Federn sind so fein, dass sie wie ein Fell aussehen. Weil sie keine Flügel besitzen, können sie nicht fliegen. Sie stochern mit ihrem langen Schnäbeln im Laub und Boden auf der Suche nach leckeren Kleintieren, die sie mit ihrer guten Nase auch erschnüffeln können.

SCHON GEWUSST?

Abendführungen, Nachtsafaris und Dschungelnächte

Folgende Zoos haben zwar kein eigenes Nachttierhaus, aber dort kannst du auch spannende Nachtsafaris oder Abendführungen erleben:

- Zoo Krefeld, www.zookrefeld.de
- Zoo Duisburg, www.zoo-duisburg.de
- Saarbrücker Zoo, www.zoo.saarbruecken.de
- Zoo Dortmund, www.zoo-dortmund.de
- Tierpark Hagenbeck, www.dschungelnaechte.de
- Zoologischer Garten der Stadt Wuppertal, www.zoo-wuppertal.de
- Schönbrunner Tiergarten in Wien, www.zoovienna.at
- Zoo Zürich, www.zoo.ch

Glossar – schwierige Wörter: einfach erklärt!

Aas: Körper von einem toten Tier, wird auch Kadaver genannt

Äquator: gedachte Linie um die Erdkugel, die genauso weit vom Nordpol wie vom Südpol entfernt ist. Sie teilt unseren Planeten in die Nordhalbkugel und die Südhalbkugel. Dem Äquator ist der geografische Breitengrad 0° zugeordnet. Der Äquator ist rund 40.075 km lang

Art: eine Gruppe von gleichen Tieren oder Pflanzen, die miteinander gesunde, fruchtbare Nachkommen haben können; Arten sind zum Beispiel der Rotfuchs, das Reh, der Feuersalamander, die Waldohreule oder die Gartenkreuzspinne

Balz: bestimmtes Verhalten, mit dem ein Partner zur Paarung angelockt wird; so röhrt zum Beispiel der Rothirsch, um die Weibchen auf sich aufmerksam zu machen

Bilche: eine Gruppe von Säugetieren, die zu den Nagetieren gehört. Zu den Bilchen, die auch Schläfer oder Schlafmäuse genannt werden, gehören beispielsweise der Siebenschläfer, der Gartenschläfer und die Haselmaus

Brunftzeit: wird manchmal auch nur Brunft oder Brunst genannt; Zeitraum, in dem Säugetiere einen Partner suchen und sich paaren, damit sie Nachwuchs bekommen können

Brutzeit: Zeitraum, in dem Vögel ihre Eier legen, sie ausbrüten und ihre Jungen großziehen

Dämmerung: der fließende Übergang von Tag zu Nacht und Nacht zu Tag, nachdem die Sonne schon untergegangen ist (abends) oder noch nicht aufgegangen ist (morgens). Es ist heller als in der Nacht, aber dunkler als am Tag. Diese Helligkeit entsteht, weil das Licht in der Erdatmosphäre (Lufthülle der Erde) gestreut wird.

Damhirsch/-wild: mittelgroße Hirschart, die vor allem in Mittel- und Südeuropa sowie in Vorderasien heimisch ist. Typisch sind das gefleckte Sommerfell und das Schaufelgeweih der männlichen Hirsche

Echsen: Gruppe von Arten mit schuppiger Haut und meist ausgebildeten Beinen, die zu den Kriechtieren (Reptilien) gehören, die aus biologischer Sicht aber keine einheitliche Herkunft haben. Heimische Echsen sind die Zauneidechse und die Blindschleiche. Auch der Mauergecko aus dem Mittelmeerraum gehört zu den Echsen

Engerling: große, madenförmige Larven von Mai- und Junikäfern

Froschlurche: schwanzlose Lurche, zu denen Frösche und Kröten gehören, im Gegensatz zu den Schwanzlurchen wie Molche und Salamander

Gewölle: Ballen aus unverdaulichen Nahrungsresten (Federn, Haare, Knochen, Zähne und anderes), die z.B. von Eulen ausgespien werden

Kaulquappe: die im Wasser lebende Larve der Froschlurche, zu denen Frösche, Kröten und Unken gehören

Laich: die von einer durchsichtigen, gallerthaltigen Hülle umgebenen Eier von Lurchen, die als Klumpen, Schnüre oder auch einzeln ins Wasser abgelegt werden

Larve: Jugendform von Insekten und vielen anderen wirbellosen Tieren, die meist ganz anders aussieht als das erwachsene Tier; im Lauf ihrer Entwicklung wird die Larve größer und ähnelt immer mehr dem erwachsenen Tier

Lurche: auch Amphibien genannte Gruppe von Wirbeltieren, zu denen Molche, Salamander, Frösche und Kröten gehören; sie alle besitzen eine feuchte, drüsenreiche Haut und brauchen zur Eiablage ein Gewässer; ihre kiementragenden Larven entwickeln sich im Wasser, während die erwachsenen Tiere Lungen besitzen und an Land leben

nachtaktiv: Tiere, die in der Dunkelheit aktiv sind; dazu gehören beispielsweise der Dachs, Fledermäuse und Eulen

Nachttierhaus: eine Einrichtung im Zoo, in dem nachtaktive Tiere beobachtet werden können. Dort herrscht tagsüber dunkle Nacht, während das Gebäudeinnere nachts taghell beleuchtet ist. Es wird auch Noctarium genannt.

Nachtfalter: Gruppe von meist düster gefärbten Schmetterlingen, die von den Tagfaltern unterschieden werden. Zu den Nachtfaltern gehören beispielsweise Birkenspinner, Eulenfalter, Glucken, Pfauenspinner, Prozessionsspinner, Schwärmer, Spanner und Widderchen. Nicht alle Nachtfalter sind nachtaktiv, so fliegen etwa die Widderchen nur bei Tag

Puppe: Entwicklungsform zwischen Larve und erwachsenem Insekt, das bei manchen Insekten wie Schmetterlingen, Käfern, Fliegen, Bie-

nen und Wespen vorkommt; dazu hüllt sich die Larve in eine harte Hülle ein und ruht ohne zu fressen für einige Tage oder sogar für mehrere Jahre. Während dieser Ruhezeit (die sogenannte Puppenruhe) wird das Insekt von der Larve zu dem fertigen Tier umgebaut. Am Ende der Puppenruhe schlüpft das fertige Insekt

Revier: Gebiet, in dem ein Tier dauernd oder zeitweise lebt und das es gegenüber eindringenden Artgenossen verteidigt; manche Reviere bestehen das ganze Jahr über, andere wie die Reviere um Singvogelnester nur während der Brutzeit

Rudel: Gruppe von Säugetieren, die kleiner ist als eine Herde. So leben beispielsweise Rehe während der Winterzeit oder bei den Rothirschen die Weibchen und Jungtiere das ganze Jahr über in einem Rudel

Tagfalter: Gruppe von meist bunt gefärbten Schmetterlingen, die tagsüber fliegen

Trittsiegel: der einzelne Abdruck von Pfote, Huf oder Fuß eines Säugetieres oder Vogels

Ultraschall: Töne, die so hoch sind, dass sie vom Menschen nicht mehr gehört werden können

Wiederkäuer: Gruppe von pflanzenfressenden Paarhufern (Gruppe der Säugetiere), die einen mehrkammerigen Verdauungsapparat besitzen. Das Futter wird in einem besonderen Magen (dem Pansen) vorverdaut, nach einer gewissen Zeit wieder hochgewürgt, nochmals durchgekaut und wieder verschluckt. Durch dieses Wiederkäuen werden die Inhaltsstoffe der pflanzlichen Nahrung besonders gut ausgewertet. Zu den Wiederkäuern gehören beispielsweise Rinder, Giraffen, Schafe, Hirsche und Ziegen

Winterruhe: Ruhezustand mancher Säugetiere, die so bei stark herabgesetzter Nahrungsaufnahme den Winter überdauern. Zu den winterruhenden Tieren gehören Braunbären, Marderhunde, Waschbären, Eichhörnchen, Dachse und Biber, die hin und wieder aus der Winterruhe erwachen

Winterschlaf: schlafähnlicher Zustand (mit herabgesetzter Körpertemperatur, kaum messbarem Herzschlag und Atem) mancher Säugetiere, die so den Winter überleben. Zu den heimischen Winterschläfern gehören Fledermäuse, Igel, Siebenschläfer und Haselmäuse

Wurf: mehrere Jungtiere von Säugetieren wie etwa Mäusen, die zusammen in der Gebärmutter der Mutter heranwuchsen und gleichzeitig geboren wurden

Ab nach draußen!

Passend zum Buch:

Dynamo-Taschenlampe
€ 5,95*
Artikel-Nr.: 9624

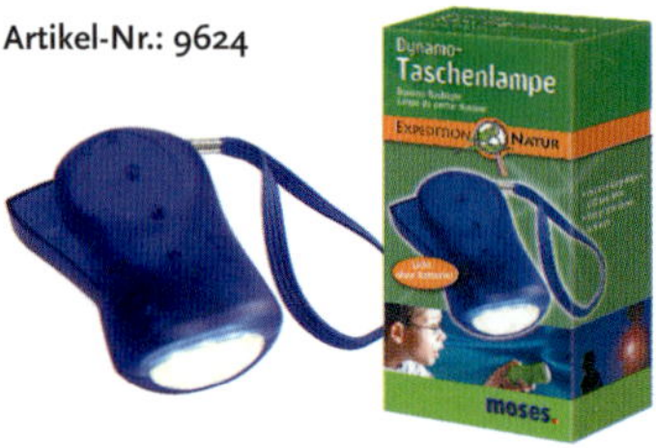

Basecap-Licht
€ 6,95*
Artikel-Nr.: 9656

Auch in dieser Reihe erschienen:

Jeder Titel
€ 7,95 (D), € 8,20 (A)
96 Seiten
mit Fotos und
naturalistischen Illustrationen

ISBN 978-3-89777-491-9

ISBN 978-3-89777-490-2

ISBN 978-3-89777-349-3

ISBN 978-3-89777-339-4

ISBN 978-3-89777-371-4

ISBN 978-3-89777-423-0

ISBN 978-3-89777-424-7

ISBN 978-3-89777-468-1

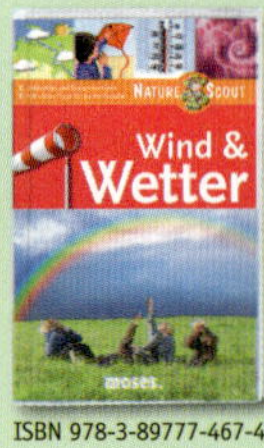

ISBN 978-3-89777-467-4

ISBN 978-3-89777-489-6

ISBN 978-3-89777-348-6

*unverbindliche Preisempfehlung